물과 불의
새로운 승자

물과 불의
새로운 승자

theCobaltSky

정형지 외 지음

옥당

We shall require a
substantially new manner of
thinking
if mankind is to survive.

Albert Einstein

우연한 계기로 이 책을 쓰게 되었지만 나름대로 의미 있는 작업이었다. 항상 그렇듯이 무슨 일을 마무리하고 나면 좀 더 잘할걸 하는 아쉬움이 남는데 이번 일도 예외는 아니었다.

처음엔 이 책에 '지쳐버린 그린 러시Green Rush, 물로만 보는 블루골드Blue Gold'라는 아주 냉소적이며 비판적인 제목을 붙이려 했다. 뭔가 세상이 제대로 돌아가지 않고 있다는 생각에 답답해하던 터였다. 그러다 문득 그래도 우리에게는 아직 희망이 남아 있지 않은가 하는 생각이 들었다. 어려울 때일수록 긍정적인 마음으로 일을 풀어나가야 한다는 생각이 드는 순간, 지금의 제목 '물과 불의 새로운 승자'가 최종 낙점되었다. 이 책은 어려운 상황에서 희망을 만들어야 하는 사람들에게 방향타가 되길 바라는 마음으로 썼다.

2008년 광복절을 기점으로 '녹색성장'이라는 단어가 처음 등장했다. 이후 모든 분야에서 앞다투어 녹색성장을 외치고 있지만 정작 녹색성장은 별다른 성과 없이 녹색 피로가 되었다. 다른 나라에서는 이미 블루골드라고 할 정도로 물을 중요하게 생각하고 그 중요성을 강조하고 있지만 우리나라는 블루골드를 시쳇말로 '물만도 못한 것'으로 취급하고 있는 현실에 분통이 터졌다.

그런 외중에도 이 분야의 중요성과 사업적인 기회가 무궁무진하다는 데 믿음을 같이 해준 사람들이 있었다. 그런 믿음이 있었기에 이 작은 성과물이 탄생할 수 있었다. 한결같은 신뢰와 믿음으로 의지를 잃지 않게 해준 코발트스카이의 임직원에게 고마운 마음을 전한다. 많은 시간을 할애해 자료를 준비하고 아이디어를 나눠준 김도윤 대표, 유동수 상무, 홍동우 매니저, 박혜정 과장, 틈틈이 방향을 제시해준 전선희 본부장과 바쁜 와중에도 표지 디자인을 챙겨 준 김주연 실장에게 깊은 애정을 전한다.

목　차

3장 그린러시의 주역, 신재생에너지 산업

4장 석유산업 앞지를 블루골드, 물산업

에필로그

이제 우리는 무엇을 준비해야 하는가?

신재생에너지와 물. 언뜻 생각하기에 이 두 단어는 '친환경'이나 '미래'처럼 아주 절박하거나 가까이에 있는 일이 아닌, 언젠가는 해야 하지만 당장 해야 할 일은 아닌 것 같은 느낌을 준다. 이 사회의 해결과제이긴 하지만 내 일은 아니고 꼭 해결해야 하지만 발등의 불은 아닌 것 같은 그런 느낌 말이다. 그렇다면 이 두 단어에서 느껴지는 그 '언젠가'는 도대체 언제일까? 생각은 하고 있지만 정말 지금은 하지 않아도 되는 숙제 같은 것일까?

유한한 자원인 화석연료는 신재생에너지라는 대체재가 있지만 그 역할이 기대에 미치지 못하고 있다. 반면, 대체재는 없지만 매년 일정한 범위에서 대가 없이 하늘에서 내려주는 무한한 자원인 물도 인구가 늘고, 사용량이 늘어나면서 부족해질 것이 뻔하다. 이런 상황에서 이 두 자원이 당면한 문제를 생각해 보고 싶었다.

이 두 자원은 그냥 독립적인 존재가 아니라 서로 아주 밀접하게 연관되어 있다. 한마디로 서로 떼려야 뗄 수 없는 관계라는 표현이 맞을 것이다. 에너지를 생산하는 데 물은 필수불가결한 요소다. 화력발전이나 원자력발전은 물을 끓여 생기는 스팀으로 터빈을 돌릴 뿐 아니라 터빈을 식힐 때도 물을 사용한다. 따라서 발전에서 물은 원료인 화석연료만큼 중요하다.

반대로 우리가 일상생활에서 사용하는 물은 정수나 담수, 배수 과정을 거쳐 우리에게 오는데 이런 과정 모두에 에너지가 사용된다. 물을 많이 쓰면 에너지를 많이 쓰는 것이고, 에너지를 많이 쓰면 물을 많이 쓰는 것이라는 사실을 쉽게 이해하는 사람은 거의 없다. 그만큼 이 두 자원은 일반인에게는 각각의 자원으로 인식되어 있기 때문에 이들에게 닥친 당면 과제 역시 독립적으로 보일 뿐이다. 하지만, 지금은 이들 자원의 문제를 복합적이고 미래 대안적인 시각에서 살펴볼 필요가 있다. 만일 물이 부족해져서 전기 생산과 농사를 짓는 일 중에서 우선순위를 정해야 하는 상황이라면 누가 그 판단을 할 수 있을까?

화석연료가 고갈되리라는 것은 더 이상 어렴풋한 추측이 아니다. BP British Petroleum, 쉘 Shell 같은 메이저 정유사와 OPEC 회원국들의 잔존 매장량 보고에 의하면 앞으로 30~40년간 쓸 수 있는 양이 있다고 한다. 그들의 관점에선 부풀릴 수 있다는 점을 감안하더라도 고갈은 이제 분명한 미래이다. 여기에 급변하는 기후와 환경 오염에 관한 국제 사회의 공동 대응이나 석유나 천연가스를 둘러싼 국제 정치상황이 맞물린다면 이들 두 자원의 확보와 이용에서 상대적으로 뒤처져 있는 우리나라의 국가경쟁력은 급격히 약화될 우려가 있다. 지금 우리나라는 더 많은 화석연료를 만들려면 더 많은 물이 필요하고, 그 물을 마련하려면 또다시 더 많은 화석연료를 써야 하는 악순환에 빠져 있다. 하지만 우리에겐 석유도 없고, 물도 충분하지 않다.

오랫동안 이를 극복할 수 있는 방법이 없을지 고민했다. 그때 눈에 들어온 것이 화석연료가 아니면서 물사용을 배제할 수 있는 신재생에너지였다. 더불어 물을 그냥 물이 아닌 물산업과 물사업의 관점에서 효율성을 향상시키고, 자원의 재배분을 통해 만성 물 부족 국가라는 제약을 벗어나는 방법은 없는지 다시 살펴보게 되었다.

이 책은 이런 고민의 결과라 할 수 있다. 많은 사람이 미래 에너지와 물 문제에 대한 인식을 같이하고 함께 생존할 미래를 준비해가는 일에 동참하는 계기가 되었으면 한다. 우리의 미래가 지난 역사의 반복이 아닌 발전이길 바라면서.

> Ignore the environment. It'll go away.
> 환경은 무시해. 어차피 없어질 거니까
>
> —캘리포니아주의 한 자동차 범퍼에 붙어있는 스티커에서

1

국가경쟁력의 원천, 에너지산업

"Opportunity dances with
those already on the dance floor."

H.Jackson Brown, Jr.

1 인류사 300년 혁신의 주역

흔히 우리는 에너지산업을 '기간산업基幹産業' 혹은 '기초산업基礎産業'이라고 말한다. 여기서 기간산업이란, '한 국가의 경제활동을 원활히 하는 데 필수적인 산업'(한국민족문화대백과 참조)이라는 뜻이다. 어떤 산업이 그 나라의 기간산업인가는 각 나라의 산업 및 경제 구조에 따라 달라지겠지만 대체로 에너지산업(또는 동력산업), 금속산업, 수송산업, 화학산업 등을 기간산업의 범주에 포함시킨다.

어떤 산업이 국가의 경제활동에 필수적인 인프라 역할을 하는지, 또는 다른 산업활동에 핵심적인 재화나 동력을 제공하는지가 기간산업을 결정하는 요소가 될 것이다. 위의 기준에서 봤을 때

에너지산업은 경제생활에 필요한 동력을 제공한다는 점에서 기간산업이 분명하다. 그러나 과거 에너지산업이 생겨나고 발전하는 과정에서 우리 사회에 끼친 영향을 생각해보면, 그저 '기간산업'이라는 명칭만으로는 부족하다는 것을 알 수 있다.

산업혁명의 원천 에너지, 석탄

석탄, 석유 등 화석연료가 주요 에너지원으로 등장하기 전 우리가 사용한 에너지원은 목재(또는 이를 연료화한 목탄)였다. 고려시대와 조선시대 또는 중세시대 유럽의 가정과 식당에서는 나무 땔감으로 불을 지펴 요리와 난방을 하고, 대장간에서는 목탄으로 쟁기, 가래, 괭이 등의 농기구나 칼, 방패 같은 무기를 만들었다.

인류가 정착생활을 시작한 이후 수천 년 동안 유지해 왔던 생활방식은 17세기 초 석탄을 사용하면서 변하기 시작했다. 원래 석탄은 13세기부터 사용하였으나, 연기와 재, 그을음이 발생하는 단점으로 크게 활성화되지 못했다. 그러다가 인구가 증가하면서 목재 수요의 증가로 숲의 감소현상이 두드러지자 17세기에 이르러 비로소 그 사용량이 증가하기 시작하였다.

이후 석탄을 이용하여 목탄보다 훨씬 더 높은 온도를 낼 수 있는 코크스 제조법이 발견되면서 석탄 수요는 더욱 증가했다. 철과 강철의 생산이 급격히 늘어나고, 다른 한편으로는 유리, 벽돌,

타일 등의 생산이 활성화되면서 건설산업의 혁신을 가져왔다. 탄광개발 등 광업 분야의 활황이 이어지면서 많은 일자리가 생겨났다. 24시간 생산라인을 가동해야 하는 일부 제조업에서 채택한 8시간 3교대 근무제는 당시 탄광 노동자들의 근무 조건에서 유래했다.

석탄 수요가 증가함에 따라 탄갱의 깊이가 깊어져 수십 미터에 이르렀다고 한다. 깊어진 탄갱 하단부에서는 물이 차는 문제가 골칫거리로 떠올랐다. 이 문제를 해결하기 위하여 시도된 다양한 노력 중 하나가 펌프를 이용하여 탄갱의 물을 퍼내는 것이었는데, 1705년 영국의 대장간 직공이었던 토머스 뉴커먼Thomas Newcomen은 증기를 이용한 상업용 펌프 개발에 최초로 성공하였다. 이것이 바로 1차 산업혁명을 일으킨 증기기관의 발명이다.

뉴커먼기관으로 불린 이 증기기관은 낮은 에너지효율 때문에 지속적인 개량 과정을 거쳤는데, 증기기관의 발명자로 널리 알려진 제임스 와트는 1769년 뉴커먼기관을 개량하여 상업화함으로써 증기기관의 보급에 크게 기여하였다.

석탄 탄광에서 시작된 증기기관은 18세기 말 산업혁명의 기폭제가 되었다. 수증기의 열에너지를 기계적인 일에너지로 전환하는 증기기관은 섬유, 제지, 제련 등 다양한 산업 분야에 적용되어 베틀, 금형압축기, 인쇄기 등 무수한 동력장치의 발명을 낳았다.

각 산업에서 생산성은 혁신적으로 증대되었으며, 공장에서는 대량생산체제가 본격적으로 도입되기 시작하였다. 대량생산은 잉여생산을 낳았고 이는 자연히 잉여물자에 대한 국가 간 무역을 활성화시켰다. 이에 결제 수단인 화폐는 물론 신용거래의 증가로 금융산업의 본격적인 성장이 시작되었다.

세계적인 금융가문인 로스차일드Rothschild가의 영국지점 역시 비슷한 시기인 1798년 런던에서 영업을 시작하였다. 1821년에는 증기기관차의 첫 상업주행이 성공하여 운송의 혁신을 가져왔다. 이와 같은 산업 생산성의 향상, 운송기술의 발달, 금융시장의 활성화는 엄청난 무역 촉진 효과를 일으켰고, 이는 로스차일드가의 지원을 받은 영국의 나폴레옹 전쟁 승리 이후 중국, 인도, 아르헨티나, 아프리카를 아우르는 100년간의 영국 제국주의 시대를 열었다.(Wikipedia "Rothschild Family", "Britain Empire" 참조)

자동차 혁명 불러온 원유

석탄보다 효율적인 에너지원인 원유의 개발은 19세기에 들어 또 하나의 혁신으로 이어진다. 현재 가장 보편적인 에너지원인 가솔린, 등유, 천연가스와 기타 석유제품의 원료로 이용되는 원유(Crude Oil 또는 Petroleum)는 4,000년 전의 그리스 도시국가나 이후 로마시대 때 이미 조명 등의 연료로 사용되었다는 기록이 있으나, 본격적으로 수요가 증가한 것은 19세기 초 원유에서 등유를 정제하는 방법이 발견된 이후부터다. 등유는 가정의 난방용이나 조명용 등불 연료로 쓰이기 시작하여, 기존의 난방 연료인 목재, 석탄, 그리고 값비싼 조명 연료였던 고래기름을 대체하였다.

한편 비슷한 시기에 개발된 등유 내연 엔진은 등유의 수요를 더욱더 증가시켰다. 1862년 독일의 니콜라우스 오토가 세계 최초로 개발한 4행정 사이클엔진은 등유를 연료로 하였는데, 이후 오토와 함께 4행정 사이클의 시대를 연 사람이 바로 고틀리에프 다임러Gottlieb Daimler와 빌헬름 마이바흐Wilhelm Maybach이다. 이 두 사람은 1890년 다임러 모터Daimler Motoren Gesellschaft(DMG)를 설립하였고, 36년 후인 1926년 칼 벤츠Karl-Benz의 회사 벤츠앤시에Benz & Cie와 합병하여 현재의 다임러 그룹Daimler AG이라는 거대 자동차 회사를 일궈냈다. 19세기에 등유를 이용하도록 개발된 4행정 사이클엔진은 약 150년이 지난 지금의 가솔린엔진 시대에도 여전히 적용되고 있어 이때 현대 자동차산업이 시작된 것으로 평가받고 있다.

석탄 채굴의 생산성을 높이기 위하여 처음 고안되었던 증기기관이 산업혁명과 함께 19세기 유럽 신제국주의 시대의 개막에 핵심적인 역할을 했다면, 등유의 수요 증가와 그에 따른 유전 개발의 활성화는 에너지 공룡기업들oil dinosaurs을 낳았다.

1859년 세계 최초로 유정 시추가 성공한 이후 전 세계적으로 한창 등유 수요가 증가하던 1870년, 30대 초반의 한 미국 청년은 오하이오 유전을 시작으로 미국 전 지역의 유전을 사들이기 시작했다. 그리고 1904년에는 미국 내 2만 개가 넘는 유전을 통하여 국내 총 원유 생산량의 90% 이상을 장악한 거대 기업을 만들어 낸다.

그가 바로 유명한 존 록펠러John D. Rockefeller이며, 그가 운영한 이 기업의 이름이 바로 스탠다드오일Standard Oil이다. 이후 미국 법원은 스탠다드오일의 미국 내 에너지 시장에 대한 독점 사실을 인정하고 1911년부터 회사의 분할을 실시하였다. 이에 따라 스탠다드오일은 몇 차례의 인수합병과 매각 과정을 거쳐 현재의 엑손모빌Exxon Mobil, 쉐브론Chevron, 코노코필립스Conoco Phillips 등의 모습으로 남게 되었다.

미국뿐만 아니라 유럽에서도 거대 기업이 탄생하였다. 광산 개발로 큰돈을 번 영국인 윌리엄 다시William Knox D'Arcy는 1901년 2만 파운드의 돈으로 현재 이란 지역에 있는 120만km² 넓이의 사막 지역의 유전 사업권을 따냈다. 이후 1908년 중동 지역 최초의 유전 개발에 성공하고 1912년 첫 생산을 시작했다. 이 유전은 두 차례의 세계대전과 1950년대 이란 민족주의의 등장 속에서도 영국의 비호 아래 마침내 BP라는 기업으로 자리 잡았고, 한 세기가 지난 지금도 거대 에너지기업으로 남아있다.

비슷한 시기인 1907년 인도네시아 지역의 유전 사업권을 확보한 네덜란드 회사 로열더치페트롤리엄Royal Dutch Petroleum과 운송회사 쉘Shell은 합병을 통하여 로열더치쉘Royal Dutch Shell이라는 또 하나의 거대 기업을 만들어 내는 데 성공하였다.

전기 에너지의 등장

원유 정제 이후 한 번의 더 혁신적인 에너지원이 개발되었다. 바로 그 자체로 에너지원이라기보다는 석탄이건 석유건 화석에너지를 사용하기 편한 다른 형태의 에너지로 바꾸어 전달하는 전기이다.

우리가 흔히 전기에너지라고 부르는 것도 사실은 전자의 이동이라는 하나의 현상을 뜻하는 것으로 그 자체로서는 석탄, 석유와 같은 에너지원과 동등하게 비교할 수는 없다. 그러나 이러한 전기에너지의 흐름을 자유롭게 조종하고, 이를 통하여 기계의 일에너지로 바꿀 수 있도록 한 전기의 발견은 우리의 생활을 크게 변화시켰다.

교류전기의 발견과 터빈을 이용한 발전기술의 향상, 송배전 시설의 확충으로 산업혁명 시기에 도입된 증기기관을 이용한 대부분의 산업설비와 등유 조명은 모터를 이용한 산업설비와 백열등으로 대체되었다. 더불어 텔레비전, 라디오, 냉장고 같은 가전제품의 도입이 우리 생활에 끼친 영향은 말로 표현할 수 없을 정도이다.

전차와 지하철의 도입은 다시 한번 도시의 확장을 가져왔으며, 자동차는 도로망을 구축하게 하였으며 사람들의 라이프스타일에 변화를 가져왔다.

2 글로벌기업의 인큐베이터

인간의 역사는 가용한 에너지를 발견하고, 확보하고, 이를 더 효율적으로 활용하기 위한 노력의 과정이라고 볼 수 있을 정도로 인류사에서 에너지산업이 갖는 의미는 크다. 에너지산업은 그 자체로 인간의 삶에 직접적인 영향을 미쳤을 뿐만 아니라 철강, 자동차, 디지털 등 다양한 산업 분야의 발생 및 성장과도 매우 밀접한 관계가 있다.

앞서 보았듯이 국제적인 혁신의 물결은 바로 그 물결을 주도하여 다음 물결로 옮겨가는 과정에서 초대형 글로벌기업을 탄생시킨다. 불행하게도 우리는 석탄이나 석유가 개발되어 이것이 자동차나 철도 같은 대형 산업을 파생시킬 때 주도권을 쥘 수 있는 상황에서 늘 소외되어 있었다. 하지만 최근에 중후장대重厚長大하지는 않지만 우리 생활 저변을 바꾸어놓고 있는 IT 분야에서 우리는 이미 눈앞의 초대형 글로벌기업을 만나고 있다. 대형 산업의 패러다임이 과거 수세기를 지배했다면 이제는 더 작고, 감성적이고, 편한 것이 새로운 패러다임이 되고 있으며 그 최전선에 한국 기업들이 있다.

포천Fortune 지는 매년 세계에서 규모가 가장 큰 500대 기업을 조사하여 발표한다. 2012년 바로 이 포천 글로벌 500Fortune global 500의 목록을 보면 흥미로운 사실이 있다. 상위 20개 업체 중에 12개 업체가 에너지산업 분야의 기업이다. 나머지 8개 기업 중 3개는 자동차 제조업체로서 가공된 에너지를 많이 소비하는 에너지산업의 1차 고객이기도 하다.

에너지와 자동차를 제외한 5개 기업 중 하나인 글렌코어Glencore International는 스위스에 본사를 둔 국제적인 상사로 거래하는 제품 중에 에너지원 및 석유제품이 포함되어 있다.

이러한 에너지기업들이 그저 자기 나라에서 생산되는 에너지를 근거로 쉽게 돈을 벌고 있는 것은 아니다. 러시아 국영기업인 가스프롬Gazprom을 제외하고는 거대 산유국의 기업도 순위에는 보이지 않는다. 가까운 미래에 에너지 공급 부족 때문에 어려움을 겪을 것으로 예상되는 중국 기업이 3개나 포함된 것은 중국의 바뀐 세계 위상을 반영한다고 할 것이다. (표 1-1 참조)

〈표1-1〉 포천 글로벌 500대 기업 목록　　　　　　　　　　　　　　　(단위: 100만 달러)

순위	회사명	매출액	당기순이익
1	Royal Dutch Shell	484,489	30,918
2	Exxon Mobil	452,926	41,060
3	Wal-Mart Stores	446,950	15,699
4	BP	386,463	25,700
5	Sinopec Group	375,214	9,453
6	China National Petroleum	352,338	16,317
7	State Grid	259,142	5,678
8	Chevron	245,621	26,895
9	ConocoPhillips	237,272	12,436
10	Toyota Motor	235,364	3,591
11	Total	231,580	17,069
12	Volkswagen	221,551	21,426
13	Japan Post Holdings	211,019	5,939
14	Glencore International	186,152	4,048
15	Gazprom	157,831	44,460
16	E.On	157,057	−3,085
17	ENI	153,676	9,539
18	ING Group	150,571	6,591
19	General Motors	150,276	9,190
20	Samsung Electronics	148,944	12,059

출처: Fortune of CNN MONEY(매출액, 당기순이익 2011년 기준)

세계 대기업 순위에 에너지기업이 많은 이유

세계에서 가장 큰 규모의 기업 순위에 유독 에너지 분야 기업이 많은 것은 왜일까? 무엇보다 가장 분명한 이유는 이 분야가 시장 자체가 크다는 것이다.

에너지산업은 일반 가정과 상업시설, 산업공장시설, 운송시설에 원료와 동력을 제공하는 심장 같은 산업이므로 그 규모가 클 수밖에 없다. 세계무역기구WTO가 발표한 2010년 수출 통계를 보면 연료 수출은 2조 3,000억 달러(약 2,500조 원)로 전체 재화 수출액의 16%를 차지한다. 우리나라의 2011년 국내총생산GDP 규모가 1,200조 원 수준(연료 수출 규모의 약 50%)인 것과 비교해 보면 에너지산업의 규모를 대강 가늠해볼 수 있을 것이다. 더욱이 위의 통계는 자국 내에서 생산되어 자국에서 소비되는 연료는 포함되지 않은 수치라는 점에서 실제 시장 규모는 이보다 훨씬 크다는 사실을 짐작할 수 있다. (표 1-2 참조)

하지만 단지 시장이 크다는 사실만으로는 에너지 분야 초대형 글로벌기업의 존재를 설명하기 어렵다. 어째서 에너지산업계는 수많은 작은 기업이 세계시장에서 경쟁하는 것이 아니라, 소수의 몇몇 초대형 글로벌기업이 시장을 나눠 점유하는 것일까?

첫째, 에너지산업의 재화인 석탄, 석유, 천연가스 등의 매장지와 소비지가 일치하지 않기 때문이다. 전 세계지역에 소비지는 무수히 많은 반면, 매장지는 단지 주요 지역 수십 곳에 편중되어 있다. 따라서 매장 지역의 사업권을 선점하는 소수의 기업이 거래에서 유리한 위치를 차지하기 쉽다.

둘째, 전 세계시장을 대상으로 유통망을 안정적으로 관리하는 일 또한 소규모 업체들에겐 진입 장벽이다.

셋째, 에너지산업이 전형적인 설비산업이기 때문에 사업 추진에 대규모 투자비가 들고 투자에 대한 수익 또한 안정적인 대신 장기간에 걸쳐 회수된다는 점도 소규모 업체의 진입을 어렵게 한다. 따라서 상대적으로 가용자본의 규모가 작은 후발 소규모 기

〈표1-2〉 세계무역기구 전 세계 재화 수출 규모 통계(2010년)

재화의 종류		2010년 수출 규모(10억 달러)	비율(%)
농산물		1,362	9.2
연료 및 광물자원		3,026	20.4
	연료	2,348	15.8
기타제품		9,962	67.1
	철강	421	2.8
	화학	1,705	11.5
	사무/통신설비	1,603	10.8
	자동차부품	1,092	7.4
	직물	251	1.7
	의류	351	2.4
총계		14,350	

출처: 세계무역기구(2011)

업들의 진입은 어려운 반면 대규모 투자 역량을 바탕으로 먼저
시장에 진입한 대형 기업들은 지속적으로 우월한 시장 지위를 유
지하기가 수월하다.

표1-3은 우리나라의 발전 공기업인 한국전력의 6개 자회사 중
중부발전이 운영 중인 발전소의 투자비 내역으로 초기에 최소 수
천억 원에서 많게는 수조 원 단위의 투자가 이루어져야 함을 알
수 있다. 삼성, SK, GS, 포스코 등 국내 상위권 대기업을 제외하
고 사업 초기 평균 수천억 원의 투자비가 소요되는 사업에 과감
하게 의사결정을 할 수 있는 기업이 우리나라에 얼마나 있을까?

〈표1-3〉 중부발전 사업비 내역

발전소명	시설용량(1,000kw)	건설기간	총사업비(억 원)
보령#1,2	500x2	1972.12 ~1984.9	4,447
보령#3,4	500x2	1989.5~1993.6	7,645
보령#5,6	500x2	1990.3~1994.4	6,908
보령#7,8	500x2	2005.3~2008.12	12,650
서천#1,2	200x2	1978.10~1983.11	2,031
서울#4	137.5	1967.5~1971.4	102
서울#5	250	1967.8~1969.4	92
인천#1	250	1968.8~1970.5	14
인천#2	250	1968.8~1974.12	132
보령복합	150x12	1996.4~2002.8	8,288
제주#2,3	75x2	1997.1~2000.12	2,203
제주내연#1	40x1	2004.6~2005.6	630

제주내연#2	40x1	2008.4~2009.6	897
제주GT #3	55x1	1977.5~1977.10	43
인천복합#1	161x2/182x1	2003.4~2005.6	2,761
인천복합#2	164x2/181x1	2007.4~2009.6	3,861
양양양수	250x4	1996.9~2006.8	8,294
양양소수력	0.7x2	2004.9~2005.4	14
양양양수풍력	1.5x2	2005.6~2006.6	58
보령#1소수력	1.25x4	2007.3~2009.7	194
보령#2소수력	1.25x2	2007.3~2008.6	97
보령태양광#1	0.525x1	2007.10~2008.4	34
보령태양광#2	0.0462x1	2008.9~2009.1	2
제주화력태양광	0.05x1	2007.10~2008.2	3
서천중부태양광#1	1.2x1	2007.7~2008.1	85
서천중부태양광#2	0.03x1	2007.10~2008.1	2
보령화력연료전지	0.3x1	2008.6~2008.10	20
서울태양광	1.3	2010.9~2011.8	57

출처: 〈발전설비 현황 2011〉

초대형 글로벌기업이 장악하는 에너지 시장

에너지산업은 국가기간산업이다 보니, 사업 개발단계부터 설비준공 후 운영에 이르기까지 수없이 많은 인허가와 규제 절차가 존재한다. 정부로서는 국민과 다른 산업에 필수적인 동력을 제공하는 사안인 만큼 사업이 안정적으로 유지될 수 있게 하려면 반드시 필요한 과정이지만, 규모가 크지 않고 상대적으로 관련 분야의 네트워크가 부족한 중소규모 업체로서는 정부나 국민 등 여타 이해관계자들의 기대 수준을 만족시키기 쉽지 않은 것이 현실이다.

더욱이 해외 유전 개발 사업과 같은 자원개발 분야는 사업 투자에 대한 실패 가능성이 높을 뿐만 아니라 성공하더라도 투자 후 상당 기간이 지나야 본격적인 에너지원의 생산과 판매를 할 수 있기 때문에 투자 결정이 쉬울 수 없다. 그래서 우리나라는 한국석유공사나 한국가스공사 등 정부 재정으로 운영되는 공기업이 민간기업과 함께 투자하여 해당 분야의 사업 진출 및 투자 활성화를 지원하고 있다.

이처럼 에너지산업은 매장지의 편중, 전 세계 유통망 관리의 어려움, 대규모 초기 투자비 소요 탓에 반드시 자본력과 글로벌 네트워크를 보유한 기업만이 영위할 수 있는 업종이다. 로열더치쉘, BP, 엑손모빌의 경우를 보더라도 여하한 방법으로라도 일단 진입에 성공한 기업은 자기 입지를 강화함으로써 적어도 일정 기간에는 안정적인 사업을 영위하는 것이 가능하다.

3 기업경쟁력이 곧
국가경쟁력

이미 글로벌 거대기업이 100년에 걸쳐 자리 잡은 이 에너지산업에서 우리도 글로벌기업을 육성해야 하지 않을까? 현재 에너지산업에서 글로벌기업을 육성하는 것이 실제로 가능할까? 글로벌기업 육성을 어렵게 하는 요소는 무엇이며, 그럼에도 이를 실현하기 위해서 어떤 노력이 필요할까?

그렇다면 글로벌기업은 어떤 기업을 말하는가? 구체적인 정의를 따지기 전에 글로벌기업이라고 하면 떠오르는 기업을 생각해보자. 국내에서는 삼성전자와 현대자동차, 포스코를 빼놓고 대한민국의 글로벌기업을 논하는 사람은 없을 것이다. 먼저 기업의 규모 면에서 삼성전자와 현대자동차, 포스코의 시가총액은 각각

200조 원, 50조 원, 30조 원이다. 이중 삼성전자의 2011년 매출액
은 168조 원으로 같은 기간 우리나라 정부예산인 309조 원의 절
반이 넘는다.

글로벌기업의 조건

글로벌기업을 정의하는 또 다른 요소로는 산업 내 경쟁력을 꼽
을 수 있다. 삼성전자는 명실상부한 반도체 및 이동통신 분야 세
계 1위의 기업으로 세계시장에서 최고의 경쟁력을 보유하고 있
다. 해외에서는 대한민국 수도는 몰라도 삼성 모바일Samsung mobile
하면 모르는 사람이 없을 정도다.

현대자동차 역시 미국과 유럽 시장에서 도요타, 폴크스바겐 같
은 세계 최대의 자동차 제조업체와 당당히 겨루고 있다. 마찬가
지로 포스코는 아르셀로미탈ArceloMittal과 같은 세계적인 철강재벌
과 경쟁하고 있다. 규모는 아르셀로미탈보다 작지만 생산공정의
높은 효율성으로 뛰어난 품질의 철강제품을 제공할 수 있는 업체
로 평가받고 있다.

이들 기업으로 판단하건대 글로벌기업은 상당한 기업 규모와
경쟁력을 바탕으로 세계시장에서 살아남을 수 있는 기업이라고
정의할 수 있을 것이다.

표1-4는 국가별 포천 글로벌 500대 기업에 포함된 기업의 수

를 정리한 자료이다. 표에 포함된 국가들은 A~D까지의 그룹으로 분류하여 정렬하였다.

먼저 그룹A의 국가들은 명실상부한 선진국이다. 나라별로 국가의 부채가 어느 정도라느니, 금융위기가 어떻다느니, 부동산버블이 경제에 악영향을 미친다느니 하는 문제들을 가지고 있다.

〈표1-4〉 국가별 포천 글로벌 500대 기업 보유 수

구분	국가	2010	2011	2012
그룹A	미국	139	133	132
	독일	37	34	32
	일본	71	68	68
	영국	29	30	26
	프랑스	39	35	32
그룹B	중국	46	61	73
	브라질	7	7	8
	러시아	6	7	7
	인도	8	8	8
그룹C	그리스	0	0	0
	스페인	10	9	8
	이탈리아	11	10	9
	아일랜드	2	2	2
	포르투갈	0	0	0
그룹D	한국	10	14	13

출처: Fortune of CNN MONEY

하지만 이들 국가는 다수의 글로벌기업을 보유하고 있다.

흔히 BRICs라고 불리던 브라질, 러시아, 인도, 중국을 포함한 B그룹 국가들은 세계 최대의 국토와 인구, 그리고 풍족한 천연자원을 바탕으로 급속한 성장세를 유지할 것으로 주목받았다. 하지만 이들의 성적표는 기대에 미치지 못하였고, 중국을 제외하면 BRICs 국가들의 포천 글로벌 500대 기업 보유 숫자는 10개를 넘지 못하고 있다. 이는 중국의 상승한 국제 지위를 역으로 나타내는 지표라고도 생각된다.

최근 유럽연합EU 경제위기의 주범으로 지목되거나, 이로 인하여 심각한 재정난을 겪고 있는 국가들인 PIIGS(포르투갈, 아일랜드, 이탈리아, 그리스, 스페인)로 구성된 그룹C에서는 공격적이고 우호적인 외국투자유치로 국가신뢰도가 사실상 국가부도에 준하는 사태에 직면해 있다. 이들 5개국의 글로벌기업을 다 합쳐도 20개가 되지 않는다. (표 1-4 참조)

글로벌기업과 국가경쟁력

좀 더 확대해서 경제규모를 나타내는 국가별 GDP의 순위와 글로벌기업의 보유 순위와의 상관관계를 살펴보면 상위 5개국에서는 큰 변화가 없는 것을 알 수 있다. (표 1-5 참조)

B그룹의 중국은 1900년대 말부터 매력적인 투자처로 평가받

GDP 순위	국가명	포천 글로벌 500대 기업 보유 수(2011년)	포천 글로벌 500대 기업 보유 수 순위(2011년)
1	미국	133	1
2	중국	61	3
3	일본	68	2
4	독일	34	5
5	프랑스	35	4
6	브라질	7	16
7	영국	30	6
8	이탈리아	10	11
9	러시아	7	17
10	인도	8	14
11	캐나다	11	10
12	스페인	9	12
13	호주	8	13
14	멕시코	3	19
15	대한민국	14	8

았으나, 중국 정부는 해외로부터 유입되는 자본보다는 내부의 역량, 즉 경쟁력 있는 기업을 키우는 데 집중했던 것으로 보인다. 중국은 세계시장의 공장 역할을 자임하면서도 2001년이 되어서야 세계무역기구에 가입하였으며, 자본의 유입과 유출을 매우 엄격하게 제한하였다. 대신 엄청난 국토와 인구를 바탕으로 국내시장

순위	회사명	세계 순위	매출(100만 달러)
1	Samsung Electronics	20	148,944
2	SK Holdings	65	100,394
3	Hyundai Motor	117	70,227
4	POSCO	146	62,230
5	LG Electronics	196	48,977
6	Hyundai Heavy Industries	203	48,485
7	GS Caltex	235	43,280
8	Korea Electric Power	264	39,296
9	Kia Motors	266	38,988
10	S-Oil	383	28,808
11	Korea Gas	429	28,721
12	Woori Finance Holdings	449	24,435
13	Hyundai Mobis	465	23,736

출처: Fortune of CNN MONEY(매출 2011년 기준)

에서 중국석유화공집단공사Sinopec Group, 국가전망공사State Grid와 같은 글로벌기업을 키워냈다. 그 결과 중국은 2012년 현재 포천 글로벌 500대 기업을 73개나 보유한 명실상부한 세계 2위 경제 대국이 되었다.

우리나라의 포천 글로벌 500대 기업은 2012년 기준 총 13개로, B그룹이나 C그룹보다는 많으나 A그룹의 국가들이나 중국보다는 한참 적은 수준으로 나타난다. 기본적으로 국가별 경제 규모

가 다르므로 기업 수의 절대적인 비교는 어렵겠지만 아직 부족하
다는 느낌은 지우기 어렵다. 표 1-6은 포천 글로벌 500대 기업의
목록 중 한국기업들이다.

목록에서는 삼성전자가 명실상부한 대한민국 대표 기업으로
나타나며, SK, 현대자동차, 포스코 등이 그 뒤를 따르고 있다. 산
업별로 보면 반도체, 전자통신, 자동차, 철강, 조선, 정유산업, 금
융업이 포함되어 있어 우리나라의 국가경쟁력을 지탱하는 기업
경쟁력이 어떤 분야에 있는지 한눈에 볼 수 있다. 또한 발전 및
송배전 부문을 담당하고 있는 한국전력과 해외로부터 도입되는
천연가스LNG의 국내 도매사업을 독점하고 있는 한국가스공사 같
은 에너지 공기업이 포함된 것도 주목할 만하다.

위와 같은 글로벌기업의 존재와 국가경쟁력의 상관관계가 의
미하는 바는 분명하다. 기업의 경쟁력이 곧 국가의 경쟁력이기
때문이다. 따라서 경쟁력 있는 기업을 많이 키울 필요가 있음은
두말할 나위 없다.

4 세계 에너지산업의 지각변동과 새로운 기회

　우리가 세계 에너지 시장에서 경쟁할 수 있는 글로벌기업을 키워낼 수 있을지는 쉽게 답하기 어려운 문제이다. 다른 산업이 아니라 에너지산업에서는 더욱 그에 대한 답에 주저하게 된다.

　과거 60년대에서 80년대까지 세계 가전시장을 보면 미국과 유럽 회사들이 주도했다. TV는 제니스Zenith나 RCA, 냉장고는 웨스팅하우스Westinghouse 하는 식이었다. 그런 우수한 제품에 대한 소비자의 인식이 90년대 들어와서 일본의 소니, 마츠시타, 파나소닉, 도시바 같은 기술력 있는 기업으로 옮겨갔고 이들 기술력 있는 기업이 세계시장을 제패했다. 하지만 이들의 기술력은 2000년대에 들어서면서 한국의 삼성과 LG에 자리를 내어주게 되었다. 아마 이런 추세라면 향후 10년 이내에 삼성과 LG도 중국의 하이얼이나 ZTE 같은 회사에 지금의 자리를 내주어야 할지도 모른다.

이런 현상은 반도체, 자동차 등 다양한 산업에서 나타났지만 유독 에너지와 이를 기반으로 하는 석유화학업계는 2차 세계대전 이전의 순위에서 크게 벗어나지 않음을 알 수 있다(석유화학은 수많은 인수·합병·사업교환 등으로 원래의 사업 영역을 유지하는 경우는 드물어도 업계에서의 지위는 그대로 유지하는 사례가 많다). 아마도 에너지산업의 순위는 국가의 순위와 같다고 보는 것이 맞을 것이다.

국가 차원의 막강한 자금력을 바탕으로 적극적으로 에너지 시장에 뛰어든 중국만이 예외일 것이다. 지난 20년 가까이 장기적인 불황에 빠진 일본은 여전히 세계경제에 미치는 영향은 강력하지만, 19세기와 20세기 초에 자리 잡기 시작한 에너지산업에서 배제되면서 아직 세계적인 에너지기업을 보유하지 못했다.

세계적인 에너지기업의 확보는 그만큼 어려운 일이고 국가 차원의 각오가 없으면 불가능하다. 세계적인 에너지기업들이 수차례의 석유 파동과 국제정세의 변동에도 꿋꿋하게 버티는 것을 보면 단지 해외 여러 곳에 산재한 유전·가스전·탄광 등에서 일정 규모의 지분을 확보했다고 해서 경쟁력이 생기는 것이 아님을 알 수 있다(일본은 마루베니, 미쓰비시, 이토츠 등 종합상사들이 오래전부터 해외에서 적극적으로 석탄광과 유전, 가스전의 지분을 확보하고 있다).

하지만 앞서 본 중국의 사례에서처럼 국가 차원의 적극적인 진출은 고려해 볼 만한 접근방법이다. 포천 글로벌기업 순위에 있는 에너지기업의 가치만 놓고 보면 개별 기업이 넘볼 수 있는 수준이 아니지만 국가 차원에서 본다면 불가능한 일도 아니다.

환경 변화가 가져다준 기회

이런 관점에서 최근 에너지산업이 직면하고 있는 자원 고갈 문제와 그로 인한 산업 환경 변화에 대한 우려는 우리에겐 기회가 될 수 있다. 하버드 대학교의 리처드 하인버그Richard Heinberg 교수는 21세기에 맞이하게 될 에너지 시장의 변화를 《파티는 끝났다 The Party's Over》라는 저서에서 잘 보여주고 있다. 19세기 말부터 시작된 석유의 시대에 에너지 고갈을 걱정한 적이 없지만 앞으로는 에너지의 정량이 해마다 감소하는 상황을 경험하게 되리라는 것이 그의 주장이다.

여전히 석유 매장량과 고갈시기에 대해서는 학자마다, 또 업계 내에서도 의견이 분분하다. 하지만 거의 수만 년 또는 그보다 훨씬 더 오랜 세월에 걸쳐 축적되어온 석유와 석탄을 우리는 불과 100~200년 동안 무한한 자원처럼 써 왔다. 여러 가지 지표가 있지만 가장 알기 쉬운 지표로는 최근에 개발되는 유전들의 위치가 모두 오지라는 사실이다. 깊은 바다이거나 지극히 사람의 발길이 닿기 어려운 곳이다. 그런 곳까지 찾아간다는 얘기는 당장은 아

니지만 석유 고갈의 시대로 가고 있다는 방증이다. 이에 대해서
는 2장에서 다시 다루도록 하겠다.

정유업계의 기술확보 노력

여기서 주목해야 할 점은 석유 에너지를 대체할 신재생에너지
의 개발과 기술확보에 가장 많은 노력을 기울이고 있는 업계가
다름 아닌 정유업계라는 사실이다. 2001년 BP는 기존의 'British
Petroleum' 대신 'Beyond Petroleum'이라는 새로운 표어를 내
걸었다. 100년이 넘는 역사를 가진 미국과 유럽의 글로벌 에너지
기업들은 신재생에너지 산업의 성장을 19세기 말 석유 소비의 급
속한 증가 같은 큰 패러다임의 변화로 보고 있을 수도 있겠다는
생각이 들었다.

실제 신재생에너지 분야에 관한 신규 투자는 2007년 금융위기
에도 줄지 않고 현재까지 증가 추세에 있음을 알 수 있다. 2장에
서 더 자세히 다루겠지만 석유를 대체할 것으로 기대됐던 천연가
스나 원자력에너지는 매장량이나 안정성 문제로 새로운 패러다
임으로 인정받기는 어려울 것으로 보인다. (표 1-7, 표 1-8 참조) 반
면에 신재생에너지는 지속가능성과 기후변화 문제에 대응하는
측면에서 종종 기존의 석탄에너지를 대체할 새로운 흐름으로 평
가받고 있다. 세계 여러 나라는 신재생에너지 보급 활성화를 위

〈표1-7〉 연도별 태양광, 풍력, 바이오연료 시장 규모 (단위: 10억 달러)

연도	태양광 시장 규모	풍력 시장 규모	바이오연료 시장 규모
2000	2.5	4.0	N/A
2001	3.0	4.6	N/A
2002	3.5	5.5	N/A
2003	4.7	7.5	N/A
2004	7.2	8.0	N/A
2005	11.2	11.8	15.7
2006	15.6	17.9	20.5
2007	20.3	30.1	25.4
2008	29.6	51.4	34.8
2009	36.1	63.5	44.9
2010	71.2	60.5	56.4
2011	91.6	71.5	83.0

출처: Clean Edge, Inc.(2012)

〈표1-8〉 전 세계 신재생에너지 분야 신규 투자 규모

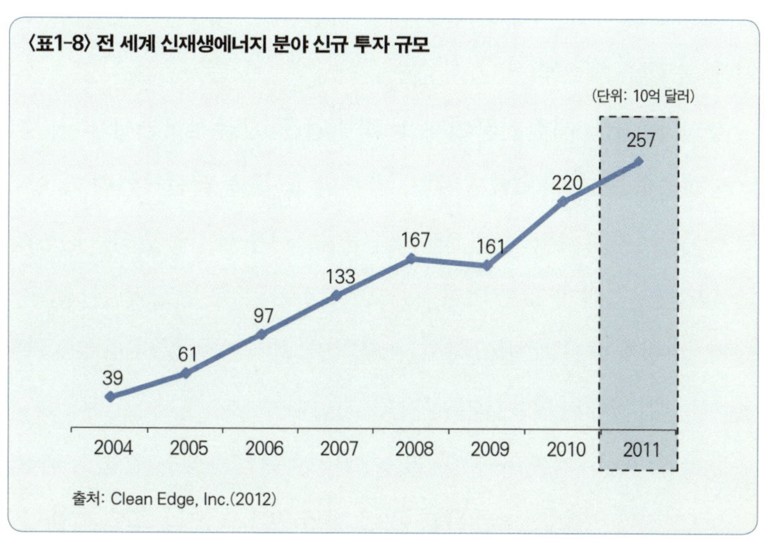

출처: Clean Edge, Inc.(2012)

한 정책을 내놓고 있는데, 그 중 유럽연합은 2020년까지 총 에너지 사용량의 20%를 신재생에너지원으로 공급하게 함으로써 석유시대 이후 패러다임의 변화를 미리 대비하는 듯 보인다.

향후 신재생에너지가 석유를 대체하고 새로운 패러다임을 이끌 것이라는 것에 대체로 긍정적이기 때문에 새로운 신재생에너지시대에도 역시 이를 주도할 강자들은 얼마든지 나타날 수 있다.

새로운 강자가 될 준비

그렇다면 우리는 앞으로 새로운 강자가 될 준비가 되어 있을까? 국가경쟁력은 결국 기업경쟁력에 기반을 두므로 위의 질문에 답하기 위해서는 현재 대한민국에 어떤 에너지기업이 있는지 확인해 볼 필요가 있다.

가장 익숙한 대한민국의 에너지기업은 한국전력공사이다. 한국전력공사는 한국수력원자력, 남부발전, 중부발전 등 총 6개의 발전 부문 자회사와 송전, 배전 부문의 국내 사업을 독점하고 있는 명실공히 재계 2위 대기업이다. 발전사업 부문도 민간사업자들의 참여가 허용되어 있다고는 하지만 전체 발전량의 90% 이상을 여전히 한국전력공사가 공급하고 있다.

한국전력공사의 총자산 규모는 2012년 현재 160조 원을 초과한다. 그렇지만 한국전력공사는 자산 규모만으로는 글로벌기업 순위에 들겠지만 이를 글로벌 에너지기업으로 평가하지는 않는다.

한국전력공사의 운영 현황을 살펴보면 전력 생산단가가 전력 판매가격을 웃돌아 운영을 할수록 적자가 생기고 있으며, 연말 국정감사 때마다 끊이지 않고 사업 추진 관련 비리들이 터져 나오곤 한다. 2011년 기준 당기 순손실은 3조 3,000억 원이나 되는 것으로 나타나 경쟁력 있는 에너지기업이 아님은 분명하다.

한국가스공사도 크게 다르지 않다. 해외로부터 수입한 천연가스의 국내시장 도매업을 독점하고 있는 한국가스공사는 34조 원이나 되는 총자산 규모에도 지역별 도시가스 회사에 도매 영업만을 하고 있어 세계 유수의 에너지기업과 비교할 수 있는 수준은 아니다. SK, GS 등 국내 민간 대기업들도 오래전부터 국내에 석유제품을 판매해 왔으나, 에너지기업이라기보다는 정유업체(Refinery and Marketing, 석유정제 및 판매) 수준에 머물러 있는 것이 현실이다.

현재 우리나라가 이 에너지산업 분야에서 경쟁력 있는 글로벌 기업을 키워내기는 쉽지 않아 보인다. 하지만 다가올 에너지산업의 패러다임 변화를 국가 차원에서 장기적인 시각으로 접근한다면 이는 분명 기회일 것이다.

우리는 앞으로 현재 진행되고 있는 패러다임의 변화와 새로운 에너지원인 신재생에너지가 무엇인지 자세히 알아보고, 우리가 선택 가능한 방안에 대하여 살펴볼 것이다.

2

에너지산업,
어디까지 왔는가?

"The use of solar energy has not been opened up
because the oil industry does not own the sun."

Ralph Nader, quoted in Linda Botts, ed., Loose Talk, 1980

1 에너지산업 포트폴리오

현재 인류가 사용하는 대부분의 에너지는 석유, 석탄, 천연가스, 그리고 우라늄을 연료로 사용하는 원자력발전에서 얻는다. 사람들이 익숙하게 사용하는 자원들이지만, 본격적으로 사용하게 된 것은 전체 인류 역사에서 보면 비교적 최근인 200~300년의 일이다.

에너지를 먼저 발굴하고 점유하려는 욕구는 사람들 사이에 갈등과 전쟁을 야기했다. 에너지 생산국은 자원 자체를 무기화하여 여러 국가에 압력을 가하기도 했다.

자원에서 에너지를 얻을 때는 여러 가지 공해물질이 함께 나오기도 해 대기에 좋지 않은 영향을 미치기도 한다. 또한, 자원을 캐는 과정에 사용하는 화학물질과 자원에 포함된 중금속이 토양과 지하수를 오염시키고 있는 것도 사실이다.

원자력발전이 화석에너지의 대안으로 급부상했지만, 원자력에도 여러 가지 문제가 있다. 화석에너지의 소비와 가격이 지속적으로 증가할 것 같았지만, 대공황과 금융위기 같은 세계적인 경제 위기에서는 소비가 위축되고, 가격마저 급락했다. 급기야, 이들 화석연료의 무절제한 소비는 고갈로 이어지고 언젠가는 이 땅에서 사라질 것이라는 예측들이 줄을 잇고 있다.

그렇다면 석유, 석탄, 천연가스와 우라늄은 과연 얼마나 매장되어 있고, 현재 생산량은 얼마나 될까? 또 주요 소비국가는 어디일까? 이 장에서는 이런 질문의 답을 찾아보고 이들 자원이 갖고 있는 문제점, 즉 자원의 고갈과 편중성에 관해 짚어보고자 한다.

석유

석유는 자연적으로 생성된 액체 탄화수소의 복합체로, 주성분인 탄화수소에 황, 질소, 금속, 수분과 가스의 불순물을 함유하고 있다. 이러한 천연석유에서 수분과 가스를 제거한 후 정제공정을 거쳐 휘발유, 경유, 등유 등을 뽑아내 사용하게 된다. 1870년 록펠러가 오하이오 스탠다드오일Standard Oil of Ohio을 창립하면서 석유 관련 산업이 근대 산업으로 자리 잡게 되었다.

2011년 기준으로 에너지 소비 정도를 살펴보면 석탄, 천연가스, 원자력, 수력 등을 모두 포함한 1차 에너지 소비량에서 석유가 33%로 가장 많다. 또한, 석유는 자동차, 비행기, 선박 내연기관의 연료와 제철소, 화력발전소, 시멘트공장의 열원으로 사용될 뿐만 아니라 합성섬유, 비료, 농약, 합성고무 등 화학산업 분야에서 가장 중요한 기초원료이다. 따라서 석유는 현대산업의 혈액과도 같다. 석유는 경쟁 에너지원인 석탄과 비교하여 열량이 약 2배 높고, 석유 종류별 열량의 차이가 석탄보다 작다는 장점이 있어, 1차 산업혁명의 동력이었던 석탄을 누르고 2차 산업혁명의 동력이 되었다.

2011년 말에 확인된 세계 주요국가의 석유 매장량을 보면 베네수엘라가 1위이다. 베네수엘라는 매장량이 약 2,966억 배럴로, 전 세계 매장량의 약 18%를 차지한다. 그 뒤를 전통 산유국인 사우디아라비아, 캐나다, 이란, 이라크 등이 따른다. 세계 석유의 매장량은 주로 중동 일대, 북중미에 편중되어 있음을 알 수 있다. (표 2-1 참조)

세계 원유 생산국가의 생산량은, 전통 산유국인 사우디아라비아가 가장 많다. 신흥 산유국인 러시아, 자본과 기술을 모두 갖춘 미국이 그다음으로 많고, 중국도 5위를 차지했다. 무엇보다, 매장량 순위로는 1위인 베네수엘라가 생산량에서는 10위권 밖에 있는 것에 주목해야 한다. 베네수엘라는 지리적으로 미국에 가까이

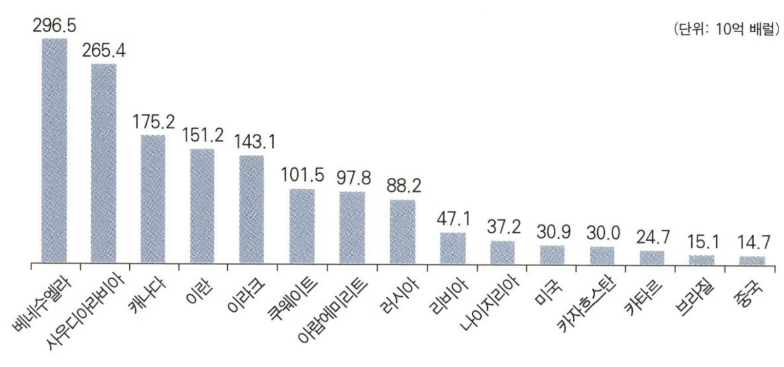

출처: BP, 〈세계 에너지 통계 리뷰 2012〉

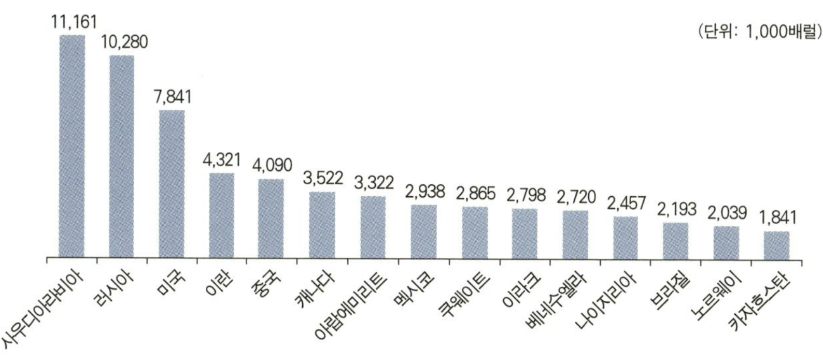

출처: BP, 〈세계 에너지 통계 리뷰 2012〉

있으면서도, 반미성향이 강한 나라이며 정치, 경제적으로 불안정한 면이 있다. 그래서 앞으로 자본과 기술의 유입으로 주요 산유국이 되어도 베네수엘라의 상황에 따라 석유수급이 불안정할 수

있다는 예측이 나오고 있다. (표 2-2 참조)

석유 소비량은 의심의 여지 없이 미국이 제일 많다. 미국은 일반산업과 발전뿐만 아니라 자동차 연료로 막대한 에너지를 사용하고 있다. 전 세계의 생산기지가 된 중국과 경제규모에서 중국에 밀린 일본 역시 석유 소비량이 많다. 그러나 미국과 중국 두 나라의 사용량이 나머지 13개 나라 사용량의 88%를 차지할 정도로 엄청나다. 여기서 이들 두 나라의 석유 독식이 정상적이지 않음을 알 수 있다. 우리나라는 8위로 독일, 프랑스, 영국보다 소비량이 많다. 이는 아직도 우리나라의 산업 구조가 에너지 다소비 구조임을 말해준다. (표 2-3 참조)

원유 가격은 2008년 금융위기 전까지 지속적인 상승세를 유지

〈표2-3〉 세계 주요국가 일일 석유 소비량(2011년 기준)

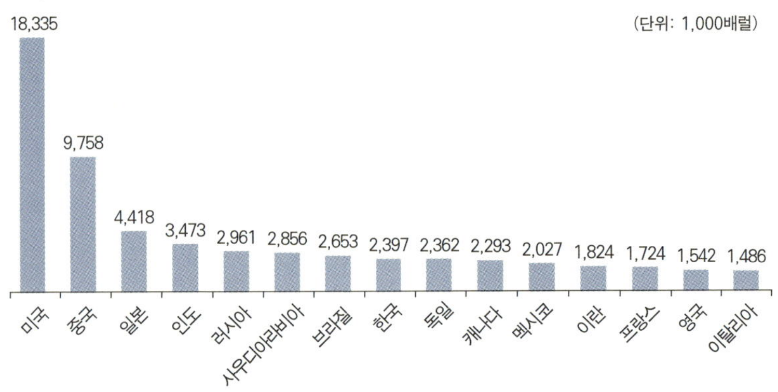

출처: BP, 〈세계 에너지 통계 리뷰 2012〉

하였다. 위기 직전에는 가파른 상승을 보이기도 하였다. 그 후 금융위기의 여파로 국제경제가 급랭하고 위축되자, 약 2년간 약세 및 조정기를 거쳤고, 그 후 경기의 회복세에 맞추어 상승세를 회복하여 사상 최고치를 경신하고 있다. (표 2-4 참조)

우리나라의 원유 수입량은 지속적으로 상승하였으며, 금융위기 때 감소 후 다시 늘고 있다. 수입 금액은 국제시세의 상승 탓에 수입물량보다 더 가파른 상승세를 보이고 있다. 이러한 현상은 앞에서도 언급했듯이 고 에너지산업 구조의 개선이나, 대체에너지가 확보되지 않는 한 계속될 것이다. 우리나라는 대외 무역 의존도가 높은 경제 구조이기 때문에 석유 수입량 또한 국제 경제의 흐름에 영향을 많이 받을 것으로 보인다. (표 2-5 참조)

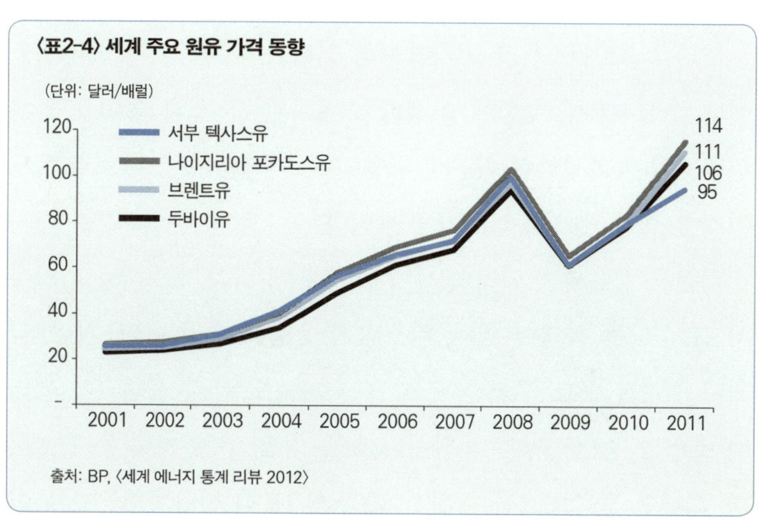

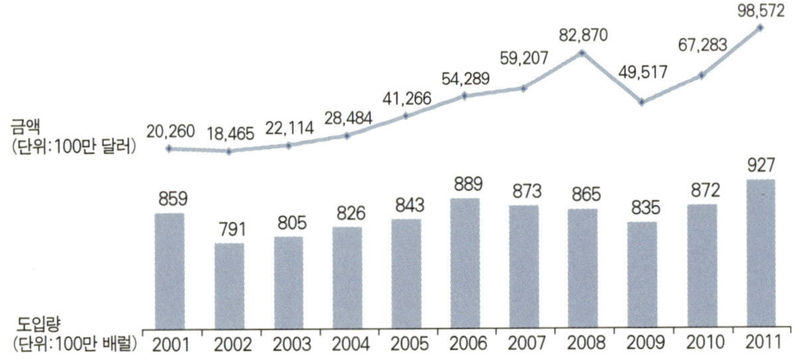

출처: 대한석유협회

석탄

석탄은 300만 년 전 고지질시대 석탄기와 페름기의 육생식물이나 수생식물이 수중에 퇴적하여 매몰된 후 열과 압력을 받아 변질되면서 화석화된 가연성 광물이다. 석탄은 주로 탄소로 이루어져 있으며, 수소와 산소가 들어있다.

석탄은 석유와는 달리 생산지 및 종류에 따라 구성비율의 차이가 크게 나는 특징이 있다. 탄소의 함유량에 따라 이탄, 갈탄, 역청탄, 무연탄으로 구별한다. 2011년 기준으로 전 세계 1차 에너지 소비량 중 30.3%가 석탄이며 석유 다음 두 번째로 큰 규모이다. 석탄은 중국에서는 기원전 4000년대부터 사용했다는 기록이

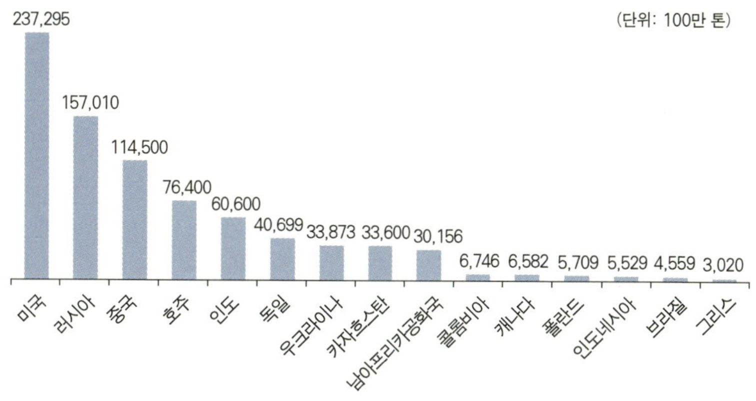

있고, 유럽에서는 11세기부터 사용해왔으나 주로 보조 연료였다. 그러던 것이 18세기 후반 영국에서 일어난 제1차 산업혁명에서 대규모 철강제조에 사용되면서부터 주요 연료로 자리매김하게 되었다.

2011년 기준으로 채굴 가능한 석탄 매장량이 많은 나라는 미국, 러시아, 중국, 호주, 그리고 인도 순이다. 이들의 특징은 대부분 땅이 넓고, 석탄뿐만 아니라 다른 자원도 풍부한 나라라는 점이다. (표 2-6 참조)

석탄도 석유와 마찬가지로 매장량 순위와 생산량 순위가 일치하지 않는다. 매장량 3위인 중국이 생산량에서는 압도적인 1위를 점하고 있다. (표 2-7 참조)

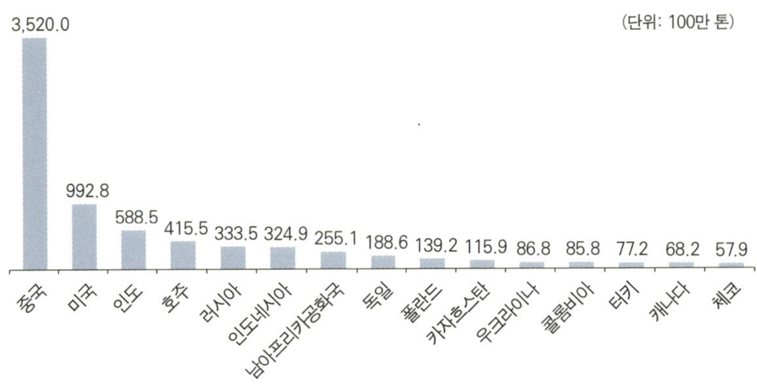

출처: BP, 〈세계 에너지 통계 리뷰 2012〉

중국은 에너지의 70%를 석탄으로 소비하고 있어 석탄 의존도 가 매우 높다. 자국에서 생산하는 석탄 외에도 외국에서 수입하 는 석탄의 양이 빠르게 늘고 있다. 중국 내 광산의 광맥이 깊어지 면서 채굴단가가 상승하였으며, 고품질 석탄광이 제한적이어서 고품질의 석탄을 수입하는 쪽으로 정책을 바꾸었기 때문이다. 석 탄은 석유나 천연가스보다 열량이 낮고 공해물질 배출량이 많아, 선진국에서는 주로 발전용으로 사용한다. 또한, 미국이나 유럽 등 은 굴뚝산업이 이미 쇠퇴기에 접어들어, 고 에너지산업 비중이 낮아져 열원 제공을 위한 석탄 사용이 많이 줄었다. (표 2-8 참조)

석탄 가격도 석유와 마찬가지로 금융위기 전까지 지속적으로 상승했고, 위기 직전에는 가파른 상승세를 보였다. 하지만 금융위

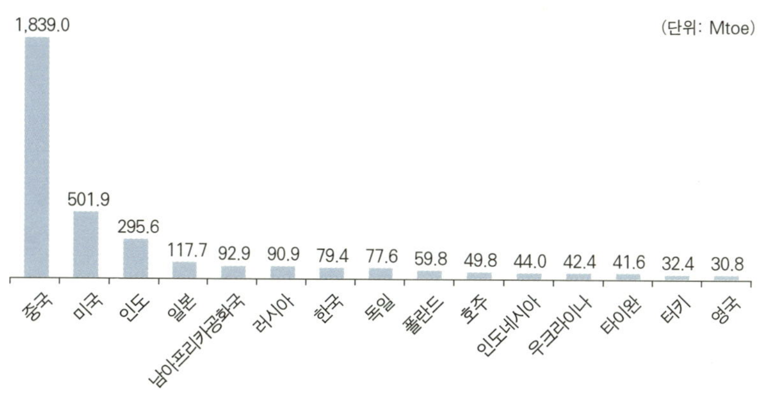

출처: BP, 〈세계 에너지 통계 리뷰 2012〉

기가 닥치면서 급락할 것 같았던 석탄 가격은 이후 2년간 조정기간을 거치면서 위기에서 벗어났고 최근에 다시 상승세를 타고 있다. 최근 들어 일본의 석탄 수입가격이 미국과 유럽에 비해 많이 비싼 것을 알 수 있다. 이는 앞에서도 언급한 바와 같이 중국의 수입량이 급증하고, 일본의 수입처가 중국 및 우리나라와 겹치는 곳이 많아서 가격에 영향을 미친 것이다. (표 2-9 참조)

우리나라의 석탄은 탄화도가 높아 연기가 나지 않는 무연탄으로, 주로 가정용 연탄과 발전용으로 사용된다. 우리나라에서 나오지 않는 아탄, 갈탄, 역청탄 같은 유연탄은 주로 수입한다. 수입 유연탄의 약 70%는 발전용, 약 22%는 제철용 코크스로 사용한다. 발전량의 40% 이상을 석탄에 의존하기 때문에 석탄의 수

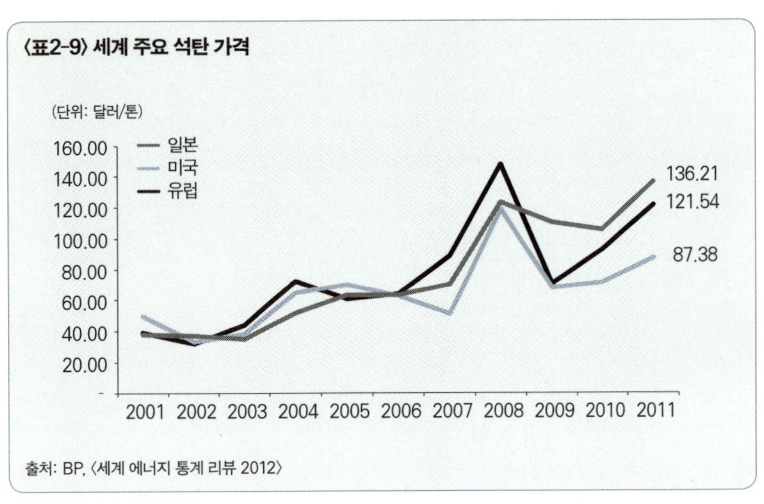

입량은 꾸준히 늘고 있다. 제철용으로 사용되는 양도 꾸준히 증
가하고 있으나, 철강사업 구조상 철강용 수입은 국제경제 환경과
밀접한 관련이 있다. (표 2-10 참조)

천연가스

천연가스는 지하에 기체상태로 매장된 화석연료로 메탄이 주
성분이다. 석유와 같이 땅속의 유기물이 고열과 압력에 의해 변
질되어 생긴 가연성 가스로, 채집한 상태에서 부가적인 분리공정
없이 바로 사용할 수 있지만, 연소 시 공해물질이 발생하지 않게
황과 질소 등을 제거해 사용해야 하는 번거로움이 있다. 가스전

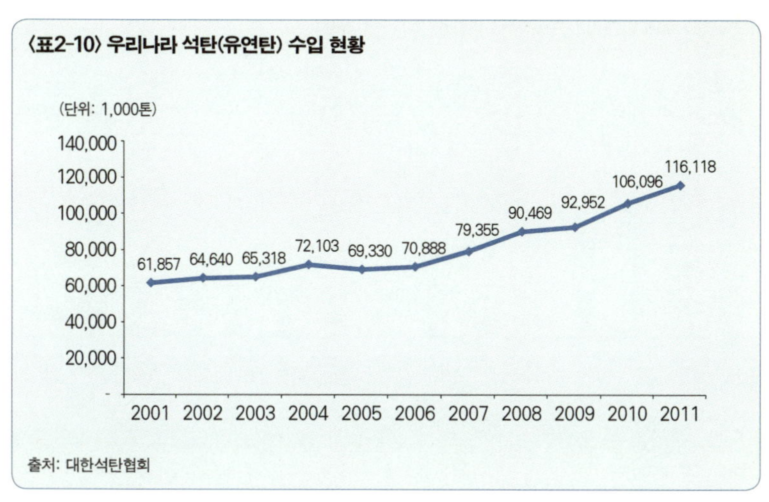

에 따라 차이는 있지만, 메탄이 80~90%를 차지하고 나머지는 주로 에탄과 프로판으로 구성되어 있다. 이에 따라 발생하는 가스별 열량 차이를 극복하기 위해 인위적으로 프로판을 넣어 주기도 한다. 요즘에는 실시간으로 성분을 분석하여 자동으로 열량을 계산하고, 그 열량을 기초로 판매하는 열량판매제가 시행되고 있다.

천연가스는 가스상태이므로 수송비가 많이 드는 단점이 있다. 파이프로 직접 운송을 하려면 석유보다 4배나 큰 파이프를 이용하여야 하며, 장거리 운송을 하려면 천연가스의 부피를 최대한 줄이기 위한 액화설비가 필요하다. 파이프로 운송되는 가스를 PNGPipe Natural Gas라고 하고, 액화상태로 만든 가스는 LNGLiquid Natural Gas라 부른다. 우리나라는 전량 LNG로 수입하고 있다. LNG

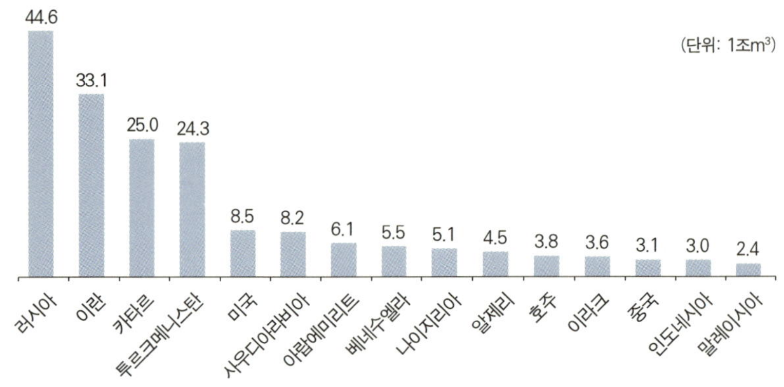

출처: BP, 〈세계 에너지 통계 리뷰 2012〉

는 액화 정제 공정에서 불순물이 대부분 제거되기 때문에 가정에서 사용해도 오염물질이나 냄새 없이 사용할 수 있는 청정에너지이다.

천연가스 매장량은 러시아가 제일 많다. 이란, 카타르, 투르크메니스탄이 뒤를 따른다. 미국과 캐나다의 매장량은 많지 않았으나, 최근에 미국이 셰일가스shale gas(진흙이 수평으로 퇴적하여 굳어진 암석층에 함유된 천연가스이다. 유전이나 가스전에서 채굴하는 기존 가스와 화학적 성분이 같아 난방용 연료나 석유화학 원료로 사용할 수 있다. 확인된 매장량은 187조 5,000억 m³로 전 세계가 60년간 사용할 수 있는 규모이다)를 발견하면서 매장량이 크게 늘었다. 사우디아라비아와 베네수엘라도 많은 양의 천연가스를 보유하고 있다. (표 2-11 참조)

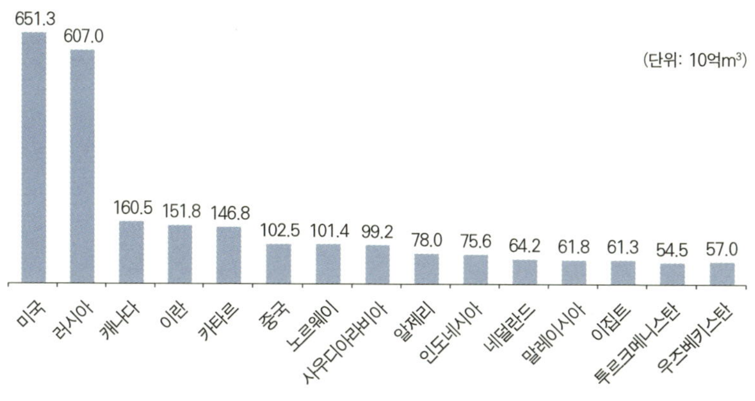

천연가스 생산량도 앞서 석유나 석탄과 마찬가지로 매장량과 별개로 움직이는 경향이 있다. 최대 생산국은 미국으로 매장량으로는 5위이다. 러시아와 캐나다가 생산국 순위 2위와 3위이며, 대규모 매장량을 보유한 투르크메니스탄은 아직 생산이 활발하지 않다. 투르크메니스탄에는 천연가스 탐사와 생산을 위한 자본과 기술유입이 본격화될 전망이므로 생산량이 대폭 증가할 예정이다. (표 2-12 참조)

천연가스 소비량은 석유처럼 미국이 가장 많다. 생산량이 2위인 러시아가 소비량도 2위이다. 일본은 2011년 3월 대지진으로 후쿠시마 원전이 가동을 멈춘 후, 발전용 천연가스의 소비량이 크게 늘었다. 천연가스 매장량이 많은 이란은 자국 내 에너지 소

〈표2-13〉 세계 주요국가 천연가스 소비량(2011년 기준)

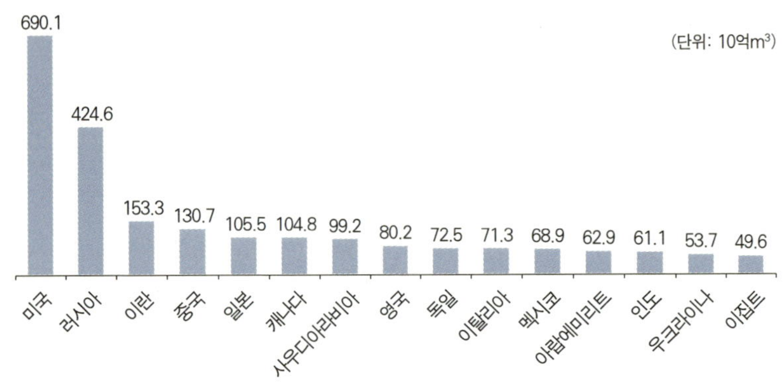

출처: BP, 〈세계 에너지 통계 리뷰 2012〉

비의 대부분을 천연가스로 충당하고 있다. 캐나다는 소비량의 일부를 미국에서 수입한다. (표 2-13 참조)

세계 주요 천연가스의 가격은 석유와 석탄처럼 금융위기 전까지는 꾸준히 상승세를 이어가다가, 금융위기 때 급락 후 조정기간을 거쳐서 다시 상승하고 있다. 단, 미국은 셰일가스 생산량이 비약적으로 늘어 금융위기 때 하락한 가격대에서 움직이고 있었다. 이러한 가격 하락은 결국 셰일가스 업계의 수익 감소를 야기했고 가격이 계속 하락한다면 셰일가스의 생산 확대에 걸림돌이 될 것으로 업계는 보고 있다. (표 2-14 참조)

한편, 셰일가스보다 생산단가가 높은 천연가스 작업 광구도 줄어들고 있다. 그럼에도 미국의 천연가스 생산 총량은 대폭 늘어

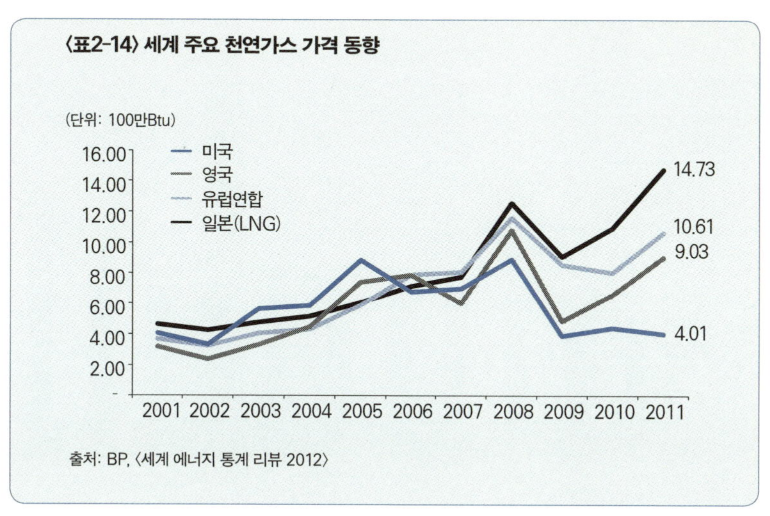

가격이 안정을 찾았으며 이런 분위기는 당분간 지속될 것으로 보인다. 일본은 공급단가가 높은 LNG를 구매하기 때문에 액화공정 없이 산지에서 직접 파이프를 통해 공급받는 PNG를 사용하는 영국이나 유럽연합보다 30~40% 높은 가격으로 구매하고 있다.

우리나라의 천연가스 수입량은 지속적으로 상승하였다. 수입 금액도 금융위기 때 가스단가가 하락한 시기를 제외하고는 늘어났으며, 최근에는 더 가파르게 증가하고 있다. (표 2-15 참조)

우리나라는 사계절이 뚜렷하고 연중 평균기온의 편차가 심해 천연가스 수입량이 계절별로 기복이 있다. 천연가스는 주로 발전용과 난방용으로 사용하는데 계절별 발전량에는 큰 변화가 없지만, 난방용 가스소비는 계절뿐 아니라 그 해의 기온에 따라 큰 편

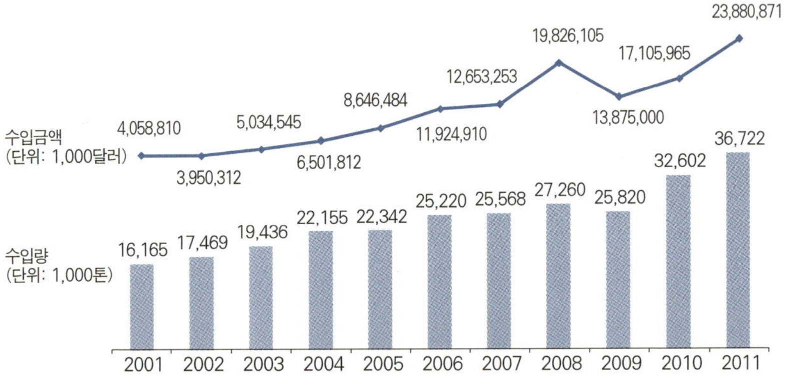

출처: 국가에너지통계종합정보시스템

차가 있다. 또한, 천연가스는 특성상 보관이 어려워 무한정 수입
하여 재고를 보유할 수 없다. 천연가스의 계절별 편차와 한정적
인 재고량이 수입가격에 영향을 미친다. 우리나라 가스 가격의
기준은 국제가스 가격이 아닌 원유가격과 연동되어 있다. 따라서
원유가격이 오르면 국제가스 가격이 내려도 가스 가격은 오르는
구조여서 실제 가격이 반영이 안 되는 모순이 있다. (표 2-16 참조)

원자력발전

원자력발전은 핵분열로 발생하는 막대한 에너지를 이용하여
스팀을 만들고 터빈 발전기를 가동해 전기를 생산한다. 원자력발

64

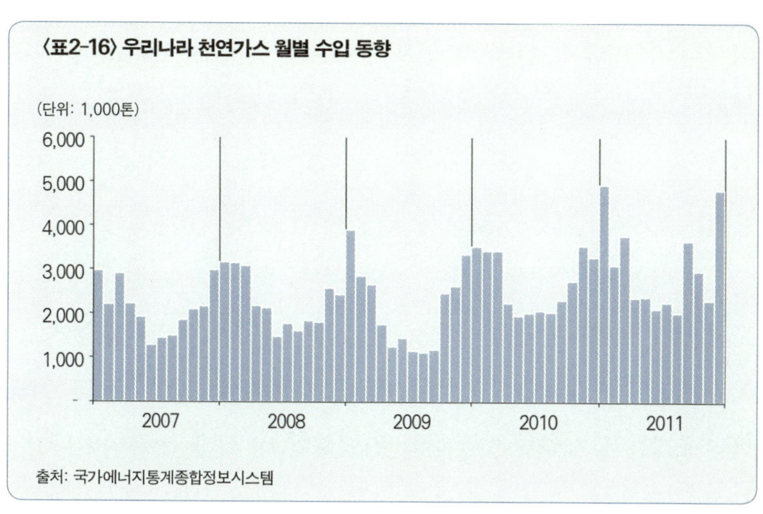

전은 1954년 구소련의 오브닌스키 원자력발전소가 최초로 상업용 발전을 시작한 데서 유래한다. 타 발전보다 저렴한 비용으로 전기를 생산하며, 이산화탄소도 거의 배출되지 않는 원자력발전은 지구온난화 방지에도 효과적이어서 많은 나라에서 채용했다.

우리나라는 원자력발전을 석탄 화력발전으로 대체하면 온실가스가 20% 이상 더 발생한다고 한다. 원자력발전에 사용하는 연료는 우라늄으로 자연에서 얻어지는 원소로는 가장 무겁다. 천연 우라늄에는 핵분열이 가능한 우라늄 235가 약 0.7%밖에 들어있지 않아 연료로 사용하려면 농축 공정을 거쳐, 2~5%의 농도로 만든 후 연료로 사용한다.

또한, 사용한 연료에도 아직 1% 정도의 우라늄이 남아 있고,

이 양은 자연에서 얻을 수 있는 농도보다 높아 재처리하여 사용한다. 우라늄 1kg에서 석유 1,800톤, 석탄 3,000톤의 열량을 낼 수 있다. 상대적으로 적은 양의 연료를 사용한다는 점과 한 번 연료를 탑재하면 18개월 정도 사용 가능해 연료 비축효과도 있다.

원자력발전이 전기 생산에 보다 더 경제적이고 온실가스 배출도 줄일 수 있다는 장점이 있지만, 1979년 미국 쓰리마일섬의 노심용해 사고와 1986년 구소련 체르노빌 폭발사고를 겪으면서 일반인에게는 원자력발전에 대한 위험성이 더 크게 부각되었다. 더불어 최근에는 2011년 일본의 후쿠시마 원전폭발사고에서 자체 고장이 아닌 지진 같은 자연재해가 재난으로 이어지는 것을 목격하였다. 이에 따라, 독일을 비롯한 선진국들이 원자력발전을 축소하거나 폐지하려는 움직임을 보이고 있다.

국제사회가 석유, 석탄, 천연가스의 고갈에 대한 해결책을 원전 대신 신재생에너지에서 찾으려 노력하고 있지만 신재생에너지의 기술이 발전을 거듭하여 저렴한 비용으로 발전을 할 수 있기 전까지는 원자력발전을 계속할 수밖에 없는 것이 현실이다.

우라늄 2009 보고서에 의하면 전 세계의 채굴 가능한 우라늄은 540~630만 톤으로 추산하고 있으며, 예상 매장량은 해마다 증가 추세이다. 캐나다, 그린란드, 시베리아와 남극 등에는 아직 발견되지 않은 우라늄이 상당할 것으로 예측된다. 2009년 기준으로 우라늄 매장량은 호주가 가장 많고, 카자흐스탄, 캐나다, 러시

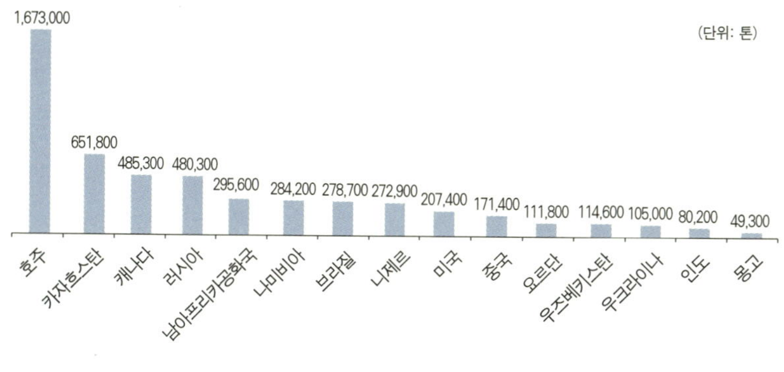

출처: 국제원자력기구

아 순이다. (표 2-17 참조)

생산량으로는 카자흐스탄이 가장 많고, 캐나다, 호주, 나미비아 순이다. 카자흐스탄에서 생산되는 우라늄은 80% 이상이 수출되고 있으며, 생산량도 매년 25% 이상 성장해 현재 세계 최대 우라늄 공급 국가가 되었다. 우리나라의 한국수력원자력도 카자흐스탄과 장기계약을 맺어 우라늄을 공급받고 있다. 최근에는 러시아, 일본, 캐나다, 프랑스 등 여러 나라의 자본과 기술이 들어와 카자흐스탄 내 광산 개발에 직접 참여하고 있다. (표 2-18, 표 2-19 참조)

2011년 기준 전 세계에 가동 중인 원전은 30개국 427기로 설비용량이 38만 4,466MW다. 104기의 원자로를 운영 중인 미국이 발전량이 가장 많다. 뒤이어 프랑스가 58기를 운영 중인데, 자국 내 발전 총량의 75%를 원자력에 의존하는 원자력발전 강국이다.

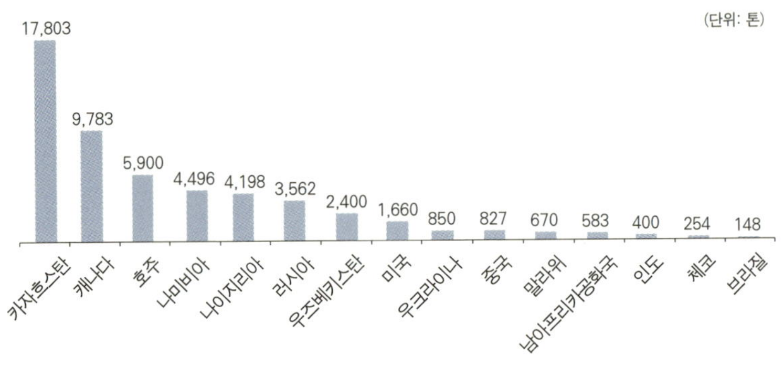

〈표2-18〉 세계 우라늄 주요국가 생산량(2010년 기준)

출처: 국제원자력기구

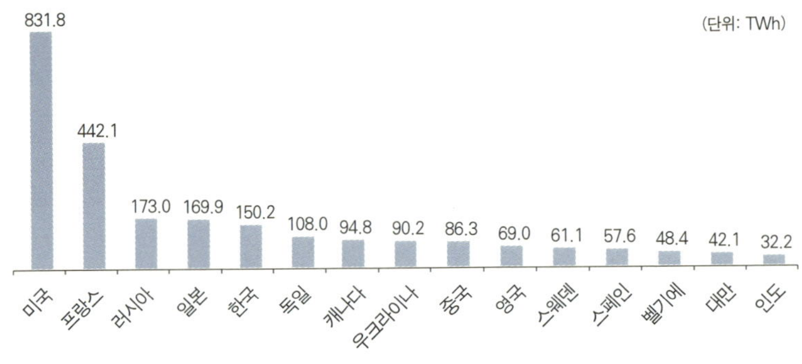

〈표2-19〉 세계 주요국가 원자력발전 현황(2011년 기준)

출처: BP, 〈세계 에너지 통계 리뷰 2012〉

후쿠시마 원전 사태를 겪은 일본은 50기의 원전을 운영 중이다. 특히, 러시아는 28기를 운영하고 있으나, 25기 이상의 건설 계획이 있어 앞으로 발전량이 크게 늘 것으로 예상된다.

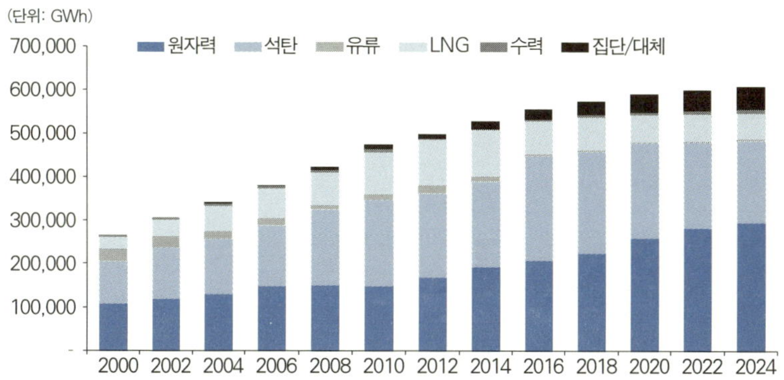

출처: 한국전력 〈전력통계속보〉, 지식경제부 〈제5차 전력수급기본계획〉

우리나라는 고리, 월성, 영광, 울진에 총 23기의 원자로를 가동하고 있다. 이 중에 월성은 천연우라늄을 사용하는 가압중수로방식이고 나머지는 가공우라늄을 사용하는 가압경수로방식이다. 전체 전기의 약 34%를 원자력발전으로 생산하고 있다. 지식경제부의 제5차 전력수급기본계획에 의하면 원자력발전 비중을 단계적으로 늘려 2024년에는 48.5%로 확대할 계획이다. 이에 따라서 석탄과 천연가스에 의한 발전량은 각각 38.9%, 21.2%에서 31%, 9.7%로 줄어들게 된다. 사용 에너지의 95% 이상을 수입하는 우리나라의 에너지 여건상 원자력발전을 그 해결책으로 삼은 것으로 해석된다. (표 2-20 참조)

2 기존 에너지의 문제점

인류가 석유, 석탄, 천연가스, 우라늄을 이용한 원자력발전에만 의지하기에는 시간이 갈수록 복잡한 문제들이 수면으로 떠올랐다. 이들이 언젠가는 고갈될 유한 자원이라는 것과 특정 지역에 편중되어 있다는 점은 해결 가능한 문제가 아니기 때문이다.

언제까지 사용할 수 있을까?

현재 에너지산업의 여러 문제 중에서 가장 큰 문제는 기존 에너지원을 언제까지 사용할 수 있을 것인가 하는 것이다. 석유, 석탄, 천연가스는 한때 지구상을 덮은 식물이나 기타 유기물이 지각변동으로 땅속에 매몰되고, 뜨거운 열과 막대한 압력에 의해 변질되어 생긴 것들이다. 결국 일정 양의 식물이나 유기물이 매장되었다는 것인데 그렇다면 그 결과물인 자원도 한정적일 수밖에 없다.

예측하는 기관이나 방법론에 따라 다른 수치를 보이지만, 석유가 40~60년, 석탄 150~200년, 천연가스 50~60년, 우라늄 40~100년 정도 사용할 수 있을 것으로 예상하고 있다. 이러한 연수를 흔히들 가채연수라고 하는데, 채굴 가능한 매장량을 연평균 생산량으로 나눈 값이다.

기존 에너지 자원 중에서도 석유의 가채연수가 항상 논란의 중심에 있었다. 물론, OPEC을 중심으로 중동, 남미, 미국, 러시아 등의 산유국은 자국 내 석유 매장량을 국가기밀에 부쳐 정확한 정보가 알려지지 않고 있다. 하지만 여러 국제기관이나 학자들이 추정치를 제시하며 논쟁을 벌여왔다. 채굴기술이 발달하고 새로운 유전이 발견되면 가채연수가 늘어날 가능성이 없는 건 아니지만, 석유 생산이 이미 정점을 찍었다는 여론은 오래전부터 제기되었다.

석유 고갈에 대한 우려를 처음 제기한 사람은 지질학자 매리언 킹 허버트Marion King Hubbert였다. 그는 미국 내 석유생산이 1970년대 초반을 정점으로 줄어들 것이라고 예고했다. 이때부터 사람들은 그의 이름을 따서 석유 생산량이 정점에 이르는 시점을 허버트 피크Hubbert's Peak로 부르게 되었다. 그 후 학자들이 허버트 피크의 관점에 관해 논쟁을 해왔고 40년 안에 고갈된다는 것은 정설로 굳어졌다. (표 2-21 참조)

새로운 유전을 발견하려는 노력은 대형 석유업계를 중심으로 지금도 진행 중이다. 하지만, 새로운 유전을 발견하는 데 드는 탐사비용이 해당 유전의 최종 경제 가치를 초과하는 사례가 자주 발생하고 있다. 이는 새로운 유전 개발을 점점 더 어렵게 한다. 그 비용이 석유 가격에 반영되지 않는 한 새로운 유전의 탐사를 주저하게 하는 요인이 되는 셈이다.

오래전에 발견한 유전과 새로운 유전 사이의 생산량 격차가 점점 더 벌어지고 있는 것도 문제이다. 과거에는 매장량이 풍부한 유전들이 많이 발견되었으나, 새로 개발되고 있는 유전들은 매장량이 적어 생산량이 떨어지고 그만큼 경제성도 나빠지고 있다. 이러한 현상이 석유 고갈론에 신빙성을 더해 주고 있다. (표 2-22 참조)

석유 생산이 정점을 지났다는 데 대해 여러 반론도 있었다. 아직 알려지지 않은 유전이 남아 있고, 생산을 중단한 유전에서도 기술이 발달하면 더 많은 석유를 뽑아낼 수 있다고 주장한다. 또한, 사용 측면에서도 효율성이 높아져 예전보다 적은 양을 사용해도 되고, 대체에너지가 개발되면 사용량이 줄어들 수도 있다고 주장한다. 그럼에도 석유는 한정적 자원이며, 언젠가는 더 이상

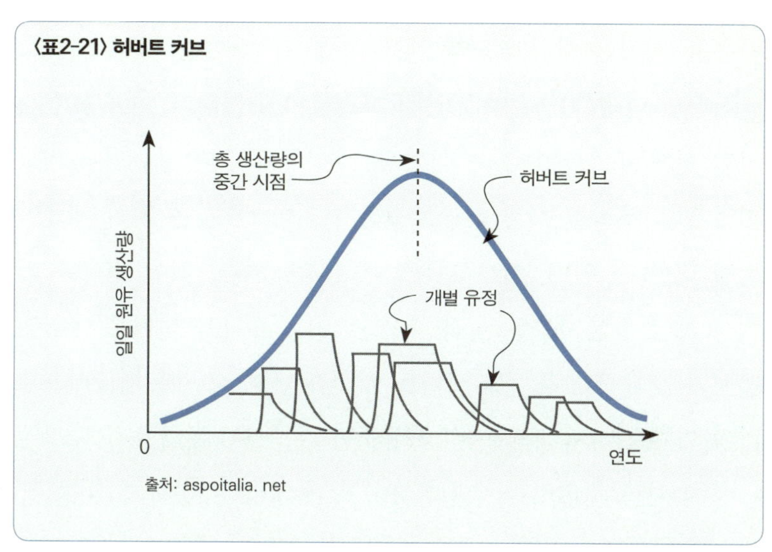

〈표2-21〉 허버트 커브

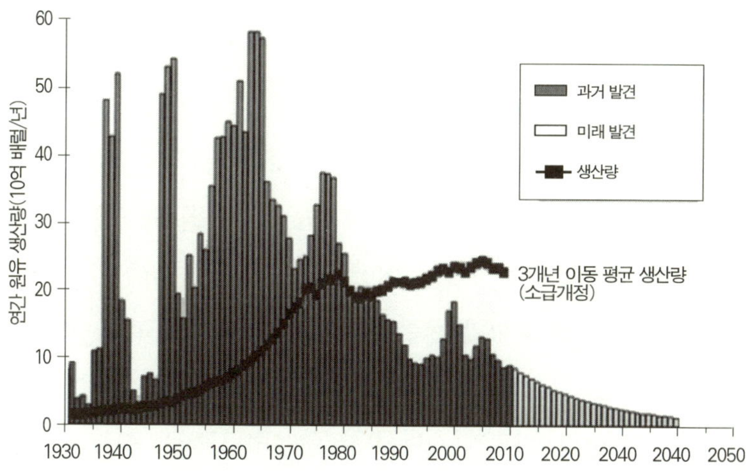

〈표2-22〉 신구 유전 사이에 벌어지고 있는 생산량 격차

출처: aspoireland.org

사용할 수 없는 시기가 도래할 것이다.

석탄도 언젠가는 고갈될 한정 자원임이 틀림없다. 지표층에 가까워 쉽게 채굴할 수 있는 석탄광은 이미 거의 다 발견되어 채굴되었으며, 부족한 석탄량을 보충하기 위한 더 깊은 지하 채굴이 점점 더 늘고 있다. 이는 채산성에 영향을 주고 있어 결국은 더 이상 채굴이 불가능한 시점이 올 것이다. 게다가 석탄은 에너지 밀도가 낮아서 고품질의 석탄을 캐내고 남은 석탄은 채굴비용보다 가치가 적어서 채굴을 주저하게 할 가능성이 높다.

천연가스도 정점을 지났다. 1977년부터 1987년까지 10년 동안 9,000여 개의 신규 가스전을 발견하였지만, 그다음 10년 동안에는 2,500여 개를 발견하는 데에 그쳤다고 한다. 또한, 미국의 저명한 투자자였던 메튜 시몬스Matthew R. Simmons는 멕시코 만의 시추 장비가 약 40% 증가하는 동안 생산량은 거의 늘어나지 않은 것으로 조사되었다고 주장하였다. 이는 새로운 유전의 규모가 점점 줄어들고 있다는 얘기다. 게다가 가스추출 기술이 발달하여 추출시간이 빨라짐으로써 고갈을 가속시키고 있다. 한때 미국으로 천연가스를 수출하던 멕시코는 자국 내 생산이 감소하여 이제는 수입국으로 처지가 바뀌었고 수입량도 1999년 이후 대폭 증가하였다. 캐나다도 2002년 가스 생산량이 정점에 이른 후 생산량이 15% 감소하였고, 자국 내 물량으로 충분히 사용할 수 있음에도 동부에서 쓰는 가스의 일부분은 미국에서 수입하는 실정이다.

셰일가스가 천연가스의 자리를 이어갈 것이라는 사실에는 많은 사람이 공감하고 있다. 조사기관에 따라 다르지만, 150~200년간 사용할 수 있는 양이 매장되어 있다고 한다. 하지만, 셰일가스의 개발에는 적지 않은 문제가 있다. 기존 천연가스전은 대규모의 가스가 모여있어서 수직으로 뽑아 올릴 수 있었지만, 셰일가스는 수평으로 넓은 지역에 매장되어 있어 이를 뽑는 데는 특별한 기술이 필요하다.

이 기술은 수압파쇄기법이라고 하는데, 이 기법에는 대량의 물과 모래 그리고 0.5%의 화학물질이 필요하다. 따라서 중국과 같이 셰일가스 인근에 지표수가 없는 곳은 추출에 어려움을 겪고 있다. 또한 사용된 물과 화합물이 지하수와 지표수를 오염시켜 식수뿐만 아니라 농업용수에도 영향을 미친다는 문제가 있다. 게다가 넓은 지역에 많은 시추공을 건설해야 하므로, 토지의 훼손 및 오염도 큰 문제점으로 부각되고 있다.

우라늄은 석유나 석탄과는 생성원리가 다른 광물자원이지만, 매장량에 한계가 있어서 가채연수를 100년으로 보고 있다. 인구의 증가와 경제성장에 따라 전기의 사용량이 급증하고 있어 여러 국가에서 전기생산 가격 경쟁력이 높은 원자력발전을 기저부하基底負荷(발전할 때 시간적 또는 계절적으로 변하는 발전부하 중에서 가장 낮은 경우의 연속적인 수요발전용량을 말한다)로 사용하는 추세다. 사용한 우라늄도 재처리하면 다시 사용할 수 있다는 점 역시 매력

적인 면이다. 당분간은 우라늄의 수급에 큰 문제가 없을 것으로
판단하고 있으나, 우라늄광산은 발굴과 생산에 많은 시간이 필요
하므로 어느 시점에는 공급부족현상이 일어날 것으로 보고 있다.

에너지의 편중

석유, 석탄, 천연가스, 우라늄의 매장량, 생산량, 소비량을 상위
5개국과 나머지 나라와 비교를 해보면 지역 편중이 심하다는 것
을 알 수 있다. 매장량을 보면, 석탄 75%, 천연가스 65%, 우라늄
66.4%를 상위 5개국이 차지하고 있다. 생산량도 석유 45.1%, 석
탄 76%, 천연가스 52.4%, 우라늄 78.7%다. 자원이 풍부한 나라와
그렇지 않은 나라가 분명하게 나뉘어 있다. 이러한 불균형에서
오는 문제점은 다양한 모습으로 나타나고 있다. (표 2-23 참조)

생산지에서 에너지 자원을 캐려면 엄청난 환경오염 부담이 있
을 수밖에 없다. 석유를 퍼내기 위해 폭발 우려가 있는 상층가스
를 태워야 하고, 이때 석유성분이 대기로 퍼져서 공기를 오염시
킨다. 흘러나온 원유에 토양이 오염되는 문제도 심각하다. 천연가
스도 석유와 유사한 문제점이 있다. 석탄광산도 토양침식, 먼지,
소음, 수질오염 등의 환경문제가 끊임없이 발생한다. 특히 유화,
질소산화물, 메탄, 이산화탄소의 발생으로 공기오염뿐만 아니라
지구온난화에도 영향을 미치고 있다.

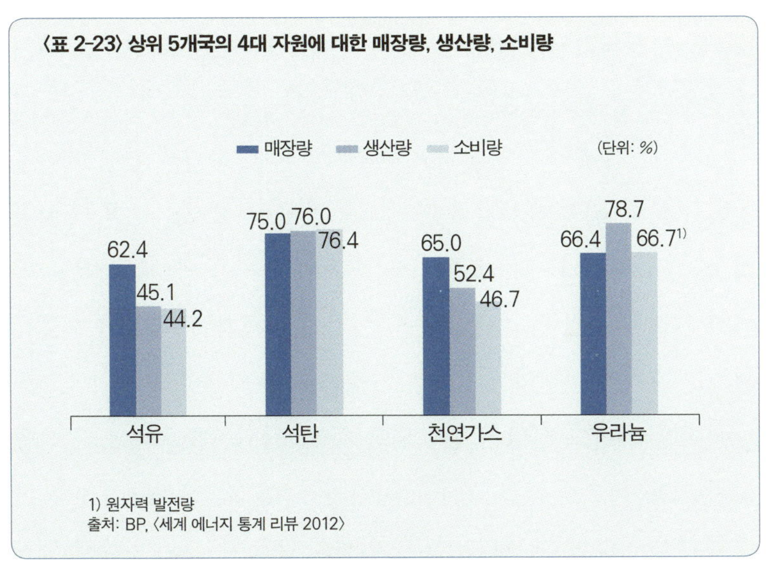

우라늄광산에서는 방사성 오염도 일어난다. 이러한 환경문제
가 생산지에서는 자주 생기는 문제이긴 하지만, 지역적으로 편중
되어 있을 때는 환경오염의 수준이 훨씬 높아지며 사고가 발생하
면 바로 대형사고로 이어질 가능성도 높다. 해상의 대규모 유전
이 화재를 당하거나 원유의 누출로 오염뿐만 아니라 막대한 경제
적 손실까지 발생하는 경우가 드물지 않다.

에너지 자원이 지역적으로 편중되어 있으면 생산지와 수요처
에 장거리 운송을 해야 하는 문제가 생긴다. 거대한 유조선, LNG
선, 벌크선이 필요하고 천연가스를 위한 전용 파이프라인도 건설
해야 한다. 에너지 생산을 위해서 에너지를 소비해야 하는 꼴이

다. 결국 경제적인 손실은 물론 환경에도 좋지 않은 영향을 미치게 되는 단점을 갖고 있다.

에너지산업에서 자원을 가진 나라의 정치, 경제적 안정성은 무척 중요하다. 원유 생산지가 밀집해 있는 중동 지역을 보면 그 지역의 안정성 여부가 유가에 영향을 미치고 나아가 국제경제에도 막대한 영향을 주었다. 때에 따라서는 자원 자체가 무기가 되어 불공정하고 편파적인 무역과 정치적 거래가 자주 발생하였다.

에너지 소비도 상당히 편중되어 있다. 상위 5개국의 소비 점유율이 석유 44.2%, 석탄 76.4%, 천연가스 46.7%, 우라늄을 이용한 원자력 발전량이 66.7%다. 특히 미국의 에너지 소비는 감히 상상을 초월한다. 세계의 공장으로 불리는 중국은 에너지 소비 증가율이 2011년에 전년대비 11.2%였다.

에너지 소비의 지역 편중 현상 이면에는 아시아, 아프리카 남서부 등 1차 에너지를 거의 소비하지 못하고 있는 가난한 나라의 많은 사람이 있다. 이들은 주거를 비롯한 사회 환경이 열악할 뿐 아니라 평균 수명은 짧은, 혜택받지 못한 사람들이다. 에너지를 과다하게 소비하고 있는 나라도 더 많은 에너지를 필요로 하고 있지만, 전 세계가 사회경제적으로 지금보다 빠르게 발전할 게 뻔한 미래에서는 아직 1차 에너지를 사용하지 않은 많은 인류가 에너지를 사용하게 될 것이다. 따라서 1차 에너지의 수요는 폭발적으로 늘어날 가능성이 있다. 또한, 1차 에너지 소비의 지역 편중현상은 소비국의 국지적인 환경오염을 가중시킬 것이다. 에너지를 많이 사용했을 때의 오염처리가 적게 사용했을 때보다 훨씬 부담스럽기 때문이다.

원자력발전에 숨어 있는 의문

원자력발전이 석유, 석탄, 천연가스의 생산감소로 생기는 공백을 보충할 수 있는가? 원자력발전은 저렴한가? 이에 대해 여러 가지 의견이 있다. 의견이 나뉘는 이유는 원자력발전 자체에 어떤 의문이 숨어 있기 때문일 것이다.

첫 번째 의문은 원자력 발전원가에 관한 것이다. 원자력발전의 발전단가가 저렴해서 기저부하로 원자력발전을 선택한 나라가 많이 있었다. 미국에서 원자력발전을 처음 시작할 때 정부는 전기를 공짜 수준으로 만들 수 있다고 선전을 하였다. 하지만 그것은 전기 발전에 필요한 직접비, 즉 연료비, 관리비, 인건비를 포함한 운영 비용만을 계산한 것이었다. 발전소 건설, 안전 유지, 폐기물 저장 및 원자로 폐쇄 비용 등을 전부 반영하면 발전원가가 결코 싸지 않다는 것이다.

미국도 나중에서야 원자력에서 생산하는 전기가 결코 싸지 않다는 것을 알았고, 1970년대 후반부터는 새로운 원자력발전소를 건설하지 않았다. 일본의 민간단체인 지구환경산업기술연구기구에서는 후쿠시마 원전 사태 후 2011년에 낸 보고서를 통해 2005년 일본 원전의 발전원가는 원전 가동률이 60~85%일 경우 12.5~8.1엔으로 추산하였다. 이 수치는 일본 전기사업연합회가 2003년에 발표한 단가보다 2배가 넘으며 개발비용과 입지비용 등을 추가하면 화력발전과 거의 차이가 없는 액수다. 원자력발전의 총비용 논쟁은 계속해서 논란이 될 것이며, 생각보다 싸지 않다는 인식이 점차 확산되고 있다.

두 번째 의문은 원자력발전의 안전성에 관한 것이다. 원자로 건설에서 최우선 조건은 당연히 안전성 확보이다. 우리나라의 원자로에는 우라늄의 원료를 보호하는 펠릿 방호벽, 지르코늄 합금으로 구성된 연료 피복관, 원자로 압력용기, 방사능 차단 격납용기, 마지막으로 두꺼운 콘크리트 건물 자체 방호벽 등 다섯 겹의 방호벽을 설치하여 만일의 사태에 대비하고 있다. 또한, 각종 안전장치와 센서를 설치하여 비상시에 작동하게 하고 있다.

하지만, 체르노빌과 후쿠시마 원전 사태에서도 보았듯이 일단 사고가 발생하여 통제할 수 없는 상황이 되면 인위적으로 대응할 수 있는 방법은 없다. 결국 재앙이 되는 것이다. 또 발전소 운영 중에 나오는 방사능 폐기물을 완벽하게 처리하는 방법이 없는 것도 잠재적인 위험사항이다.

세 번째 의문은 원자력 시대가 얼마나 오랫동안 지속될 수 있는가 하는 것이다. 새로운 광산 개발로 우라늄의 매장량이 해마다 늘어나고 있지만, 우라늄 자체가 수소나 산소처럼 자연에서 쉽게 존재하는 것이 아닌 만큼 제한적인 광물임을 부정할 수 없다. 핵융합 및 플루토늄 원전 등이 연구되고 있지만, 기술적 난이도가 높아서 아직은 지속가능성에 관해 속단하기 어렵다.

3 신재생에너지의 등장

사람들은 석유, 석탄, 천연가스 등 화석에너지가 언젠가는 더 이상 쓸 수 없는 세상이 올 것이며, 그 시기 또한 50~100년 안에 벌어질 수도 있는 일로 예상한다. 화석연료의 사용 또한 한쪽에서는 과잉 소비되고 또 다른 곳에서는 거의 사용하지 않는 등 균형이 깨지고 있다.

화석연료를 사용하면 대기뿐만 아니라 토양과 하천, 바다가 오염되는 것을 막을 수 없다. 그에 비해 원자력발전은 발전단가가 싸고 온실가스를 배출하지 않아 친환경 발전이라는 평가를 얻고 있다. 원자력발전의 이러한 평가는 정치 논리가 개입되는 바람에 그 효과가 과장된 면이 없지 않다.

그러나, 무엇보다 화석에너지의 가장 큰 문제는 한 번 쓰면 다시 쓸 수 없다는 것이다. 엄청난 양의 자원을 캐서 대부분 먼 거리를 운송하여 한정된 지역에서 대규모로 사용하고 있지만, 쓰고 나면 공해물질만 남고, 다시 쓸 수 있는 자원을 건질 게 없다. 게다가 화석에너지의 주성분은 탄소인데 다양한 형태로 지하에 갇혀있던 탄소를 연료로 태우면 대기 중에 이산화탄소를 방출하게 된다. 이렇게 방출된 이산화탄소가 인류에게 대재앙을 가져다주는 지구온난화의 주범이 된다.

이러한 문제를 인식하고 해결책을 찾으려고 관심을 두게 된 것이 신재생에너지이다. 국가별로 신재생에너지의 범위가 다르긴 하지만 보통 태양광, 풍력, 지열, 수력, 조력, 수소, 바이오에너지 등이 해당된다. 이들을 이용하여 전기나 열을 생산하는 것이 바로 신재생에너지 산업이다. 태양광, 풍력, 지열, 수력, 조력, 수소, 바이오에너지는 연료의 투입 없이 새로운 온실가스를 생성하지 않고 에너지를 만들 수 있는 에너지원이다. 이제는 누가 빨리 준비하느냐가 관건이다.

신재생에너지가 세상을 장악하는 시대가 온다는 것은 주지의 사실이다. 인류가 더 이상 화석연료를 쓸 수 없는 시기, 화석에너지의 고갈이 눈앞의 현실이 되었다는 사실에 이론을 제기할 사람은 없을 것이기 때문이다. 신재생에너지 시대를 앞당겨야 하는 시급한 또 하나의 이유가 있다. 바로 지구온난화이다.

심각한 지구온난화

지구온난화는 1972년 로마클럽 보고서에서 처음으로 제기되었다. 이후, 1985년 세계기상기구와 국제환경계획이 화석에너지의 연소로 발생하는 이산화탄소가 지구온난화의 주요 원인이라고 공식 선언하였고, 1992년 브라질 리우에서 열린 유엔환경개발회의에서 기후변화협약United Nations Framework Convention on Climate Change(UNFCCC)이 채택되면서 기후변화협상이 시작되었다. 1997년 일본 교토의정서가 채택되면서 기후변화협약의 구체적인 이행방안으로 선진국의 온실가스 감축 목표치를 규정하였다. 이산화탄소, 메탄, 이산화질소, 불화탄소, 수소불화탄소, 불화유황 여섯 가지를 감축대상 가스로 지정하였다(감축대상 가스는 이들이지만 가장 온실효과를 많이 유발하는 것은 수증기이다).

지구온난화는 산업의 발달로 석탄과 석유의 사용이 급격히 늘어나고, 인구증가로 농업 및 주거용지가 확대되면서 숲이 파괴되고, 바다의 오염으로 산호가 줄어들어 온실효과가 지속된 결과라고 보는 게 정설이다. 이산화탄소 발생량은 급격히 늘어난 반면에 식물이 줄어 자연계에서 이산화탄소를 흡수하는 양 또한 줄어들면서 대기 중에 존재하는 이산화탄소의 양이 계속 증가하고 있다. 그 결과로 지구의 평균 기온이 계속 올라가고, 하천이나 바다에서 수증기가 대기 중으로 점점 더 많이 퍼지는 악순환이 일

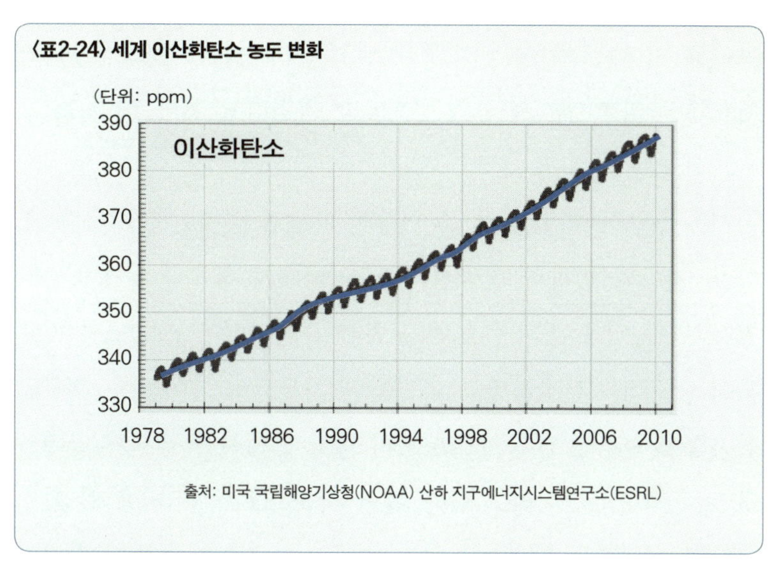

〈표2-24〉 세계 이산화탄소 농도 변화

출처: 미국 국립해양기상청(NOAA) 산하 지구에너지시스템연구소(ESRL)

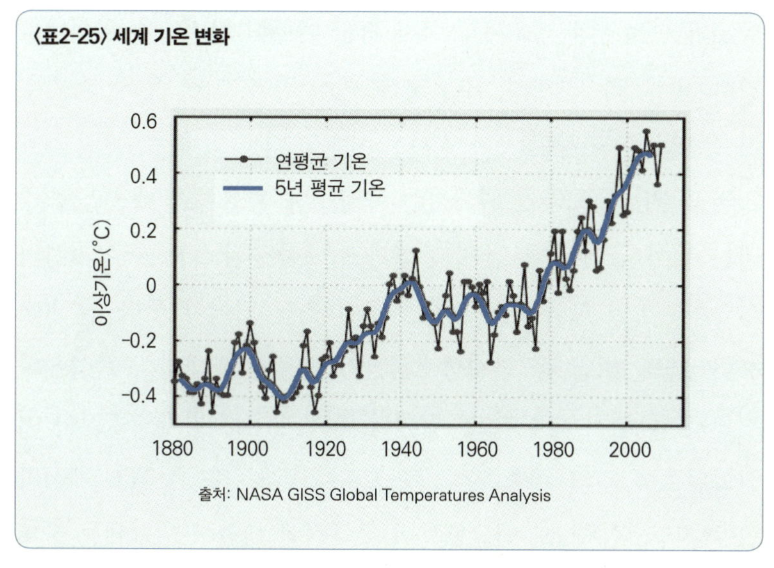

〈표2-25〉 세계 기온 변화

출처: NASA GISS Global Temperatures Analysis

어나고 있다. 호주연방과학원의 발표로는 기온이 1도 상승하면 지표면 물의 약 8%가 공기 중으로 기화된다고 한다. (표 2-24, 표 2-25 참조)

기온 상승에 의한 물 부족 현상이 가속화될 것이 분명하다. 또한, 극지방의 빙하와 만년설 등이 녹아내려 해수면이 상승하고 있다. 위성 관측 결과 지표면의 빙하와 만년설이 1960년과 비교하여 10~15% 감소하였고, 해수면은 약 17cm 높아졌다. 해수면 상승속도는 점점 빨라져 NASA의 보고에 의하면 금세기 말에는 약 5m 높아질 것이라고 한다. 평균 지표고도가 4m밖에 안 되는 남태평양의 작은 섬 투발루는 해수면의 상승으로 국토가 잠기자 국토 포기선언을 하고 인근 뉴질랜드로 전원 이주했다. 해수면의 상승과 관련하여 세계 곳곳에서 기상 이변이 빈번하게 일어나고 있다. 폭설, 폭우, 해일, 이상 고온, 이상 한파, 가뭄 등 이상 기후가 잘 발생하지 않던 곳까지 기상 이변을 겪고 있다.

지구온난화를 막기 위해서는 무엇보다 온실가스 배출량을 줄이는 것이 급선무다. 전체 온실가스 배출량의 80%를 차지하는 이산화탄소의 배출량을 줄이는 일이 우선 되어야 한다. 태양광, 풍력, 조력, 지열 등 신재생에너지의 이용을 확대하여 화석에너지 사용을 점차 줄여야 할 것이다. 일부에서는 원자력발전이 이산화탄소를 거의 배출하지 않으므로 하나의 대안이라고 제시하곤 하지만, 앞에서도 언급했듯이 궁극적인 대안이 되기에는 문제가 있다. 에너지 절약과 효율 향상으로 에너지의 실사용량을 줄이는 것도 중요하다. 분산형 전력공급체계인 스마트 그리드의 도입도 도움이 될 수 있다. 전기 공급자와 수요자 간의 실시간 정보 공유로 소비자의 전기 효율을 높일 수 있다. 또 하나의 방법으로 이산화탄소의 포집이 있다. 대기 중의 이산화탄소를 포집하고 저장하여 대기와 격리시켜 온실가스의 기능을 없애는 것이다. 하지만, 이산화탄소의 포집 및 저장기술은 상용화하기에는 시일이 걸릴 것으로 보인다.

지구온난화를 막을 수 있는 가장 빠르고 효과적인 방법은 사용량을 억제하는 것이지만 하루아침에 오랫동안 익숙해진 소비패턴을 바꾸기는 결코 쉽지 않다. 이와 병행해서 그나마 현재까지 가장 좋은 대안으로 평가되는 화석에너지의 대체에너지인 신재생에너지의 사용을 권장하는 것이 이런 전 지구적인 당면과제를 해결하는 현실적인 대안이다.

다음 장에서는 이런 큰 사명을 지닌 신재생에너지 산업의 현황과 당면 과제에 대해 살펴본다.

3

그린러시의 주역, 신재생에너지 산업

1 신재생에너지 산업이란 무엇인가?

신재생에너지의 부상

신재생에너지라는 단어가 이젠 거의 모든 사람에게 익숙하게 되었지만 불과 몇 년 전만 해도 그저 '대체에너지'라는 용어로 화석연료의 보완재 정도로 취급받았다. 하지만 전반적인 인식이 변함에 따라 대체에너지는 더 이상 대체에너지가 아니라 좀 더 세분화되어 신에너지와 재생에너지로 구분되어 인식되기 시작하였다. (표 3-1 참조)

꽤 오래전부터 유럽의 몇몇 국가에서 시작된 신재생에너지에 관한 관심과 지원은 해당 국가 차원에서 점진적인 성장을 해 오

〈표3-1〉 신에너지와 재생에너지

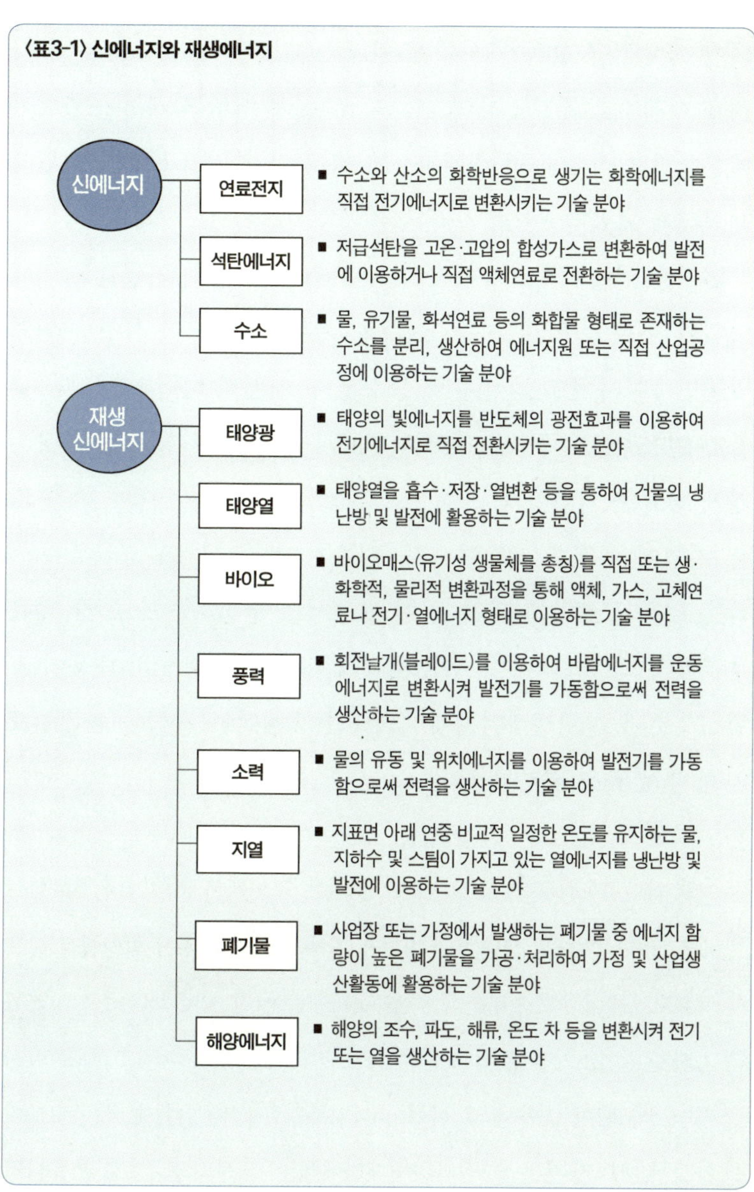
신에너지
재생
신에너지

연료전지
석탄에너지
수소
태양광
태양열
바이오
풍력
소력
지열
폐기물
해양에너지

■ 수소와 산소의 화학반응으로 생기는 화학에너지를 직접 전기에너지로 변환시키는 기술 분야
■ 저급석탄을 고온·고압의 합성가스로 변환하여 발전에 이용하거나 직접 액체연료로 전환하는 기술 분야
■ 물, 유기물, 화석연료 등의 화합물 형태로 존재하는 수소를 분리, 생산하여 에너지원 또는 직접 산업공정에 이용하는 기술 분야
■ 태양의 빛에너지를 반도체의 광전효과를 이용하여 전기에너지로 직접 전환시키는 기술 분야
■ 태양열을 흡수·저장·열변환 등을 통하여 건물의 냉난방 및 발전에 활용하는 기술 분야
■ 바이오매스(유기성 생물체를 총칭)를 직접 또는 생·화학적, 물리적 변환과정을 통해 액체, 가스, 고체연료나 전기·열에너지 형태로 이용하는 기술 분야
■ 회전날개(블레이드)를 이용하여 바람에너지를 운동에너지로 변환시켜 발전기를 가동함으로써 전력을 생산하는 기술 분야
■ 물의 유동 및 위치에너지를 이용하여 발전기를 가동함으로써 전력을 생산하는 기술 분야
■ 지표면 아래 연중 비교적 일정한 온도를 유지하는 물, 지하수 및 스팀이 가지고 있는 열에너지를 냉난방 및 발전에 이용하는 기술 분야
■ 사업장 또는 가정에서 발생하는 폐기물 중 에너지 함량이 높은 폐기물을 가공·처리하여 가정 및 산업생산활동에 활용하는 기술 분야
■ 해양의 조수, 파도, 해류, 온도 차 등을 변환시켜 전기 또는 열을 생산하는 기술 분야

다가 국제적인 고유가 시대가 되자 교토의정서Kyoto Protocol[1]의 시행을 기점으로 저탄소사회low carbon society에 대한 국제적인 합의가 이루어졌고 이로써 전 세계적으로 각 국가 차원의 관심과 지원을 끌어내게 되었다.

민간 차원에서는 비슷한 시기에 유럽 및 미국의 기업들 사이에 기업의 사회적 책임Corporate Social Responsibility(CSR)[2]이 사업 기회의 발굴만큼이나 중요한 이슈로 등장했다. 기업의 사회적 책임과 맞물려 친환경을 추구하는 국제적인 움직임 역시 기업의 성과 못지않게 중요한 기업평가 기준으로 자리 잡게 되었다. 이에 따라 많은 기업이 재무제표뿐 아니라 '지속가능보고서Sustainability Report[3]'라는 것을 공표하게 되었다. 이 보고서를 구성하는 요소 중 많은 부분에 신재생에너지 및 탄소저감에 대한 기업의 노력 내용이 포함됨으로써 신재생에너지에 대한 전 세계적인 관심을 불러일으키는 데 한몫을 톡톡히 했다.

1〉 교토의정서 : 1997년 12월 일본 교토에서 열린 기후변화협약 총회에서 채택된 나라별 온실가스 감축 목표치를 정한 의정서로 교토 프로토콜이라고도 부른다. 이 의정서에는 선진 30여 개국이 2012년까지 온실가스양을 일정 수준 이하로 감축하는 것을 골자로 하고 있지만 강제성이 없어서 그 실행이 지지부진한 상태이다. 한국은 교토의정서 채택 당시 IMF의 관리체제하에 있어 의무이행국으로 분류되지

않았으나 선진국들의 요구로 향후 감축의무를 지게 될 가능성이 매우 높다. 교토의정서에서는 효과적인 온실가스의 감축을 위해 공동이행 Joint Implementation, 청정개발체제Clean Development Mechanism(CDM), 배출권거래제 등의 프로그램을 도입하여 실질적인 실행을 계획하였으나 국제적인 금융위기 및 현실적인 비용의 증가를 이유로 답보상태이다. 그러나 전 세계의 경기회복과 환경에 관한 인식 전환이 이루어지면 또다시 부활할 가능성이 높다.

✐ 2〉기업의 사회적 책임 : 기업이 조세나 법령을 준수하여야 하는 경제적, 법적 책임 이외에도 자신들이 속한 사회에 대해서도 넓은 의미의 책임이 있다는 개념이다. 기업활동의 전 과정에서 윤리적 규범을 준수한다거나, 환경을 보호하고, 국가와 지역사회에 기여해야 한다는 내용으로 최근 윤리경영, 정도 경영 등으로 기업들이 사회적 책임을 완수하겠다는 의지를 천명하고 있다. ISO라고 불리는 국제표준화기구에서는 기업의 사회적 책임을 표준화하여 ISO26000이라는 국제 규격을 제정하겠다고 한 바가 있다.

✐ 3〉지속가능보고서 : 목적은 지속가능발전을 위한 조직 성과를 측정, 공개하고 내외부 이해관계 당사자에게 그에 걸맞은 책임을 약속하는 활동을 의미한다. 지속가능보고서는 경제적, 환경적, 사회적 영향에 대한 보고서를 지칭하는 다른 용어들과 동일한 의미로 사용되는

포괄적인 용어이다. 지속가능보고서는 해당 기업의 지속가능경영 성과를 긍정적, 부정적 영향을 모두 포함하는 균형적이고 합리적인 관점에서 설명해야 한다.(출처: GRI, Global Reporting Initiative G3 가이드라인)

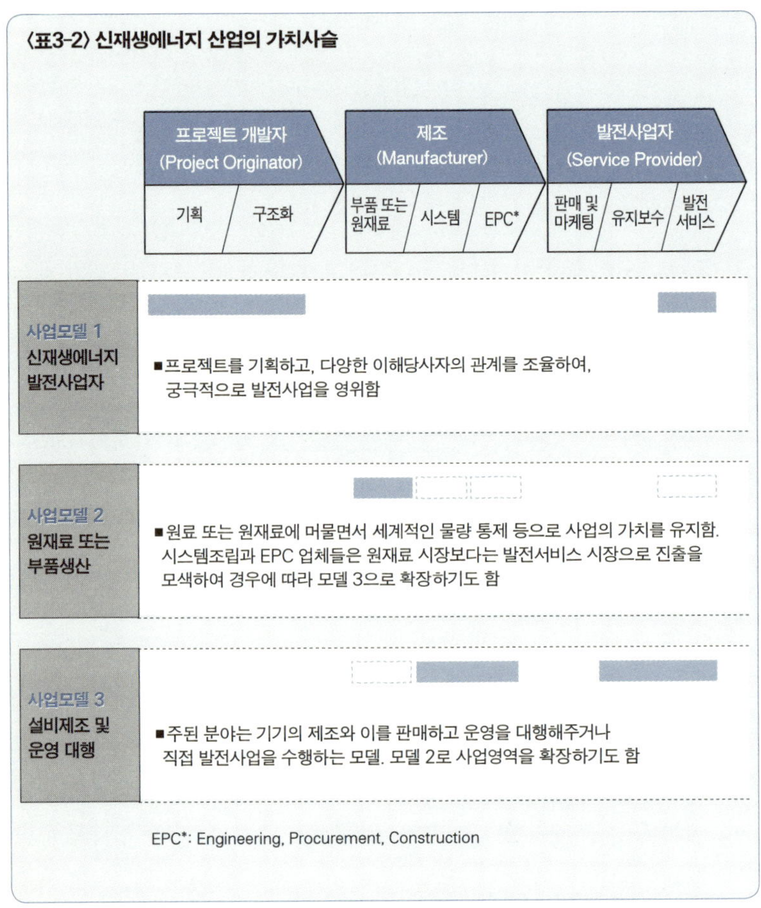

신재생에너지 산업의 범위

넓은 의미의 신재생에너지 산업은 부품과 원재료의 제조에서 부터 최종단계에서 신재생에너지발전 설비를 이용하여 전기를 생산하는 발전사업자를 포함하는 것이며, 발전사업을 하기 위한 발전프로젝트를 개발하고 이를 실행하는 프로젝트 개발자들(또는 크리에이터creator)도 산업의 가치사슬value chain에 포함해서 볼 필요가 있다. (표 3-2 참조)

산업에 참여하는 방법에 따라 대략 세 가지 또는 네 가지의 사업모델로 구분할 수 있으며, 산업의 가치사슬 어디에 속해 있느냐에 따라 산업을 이해하는 시각이 다를 수 있다. 국내 태양광발전의 대표적인 기업으로 알려진 OCI 같은 회사는 태양광발전의 시작단계로 발전판의 원료인 폴리실리콘을 만들어서 그다음 가치사슬에 있는 회사에 공급하는 원료 공급자이다.

태양광발전은 이렇게 공급된 폴리실리콘을 가공해서 웨이퍼 wafer(반도체의 재료가 되는 얇은 원판)를 만들고, 판을 가공해서 다시 태양전지 셀cell을 만들고, 다시 이들을 모아서 하나의 모듈module을 만들고, 만들어진 모듈을 모아서 발전설비화한다. 발전설비를 적절한 곳에 설치하고 가동하여 얻은 전기를 기간망(우리나라는 한전망)에 공급함으로써 마침내 발전사업이 시작된다. (표 3-3 참조)

가치사슬의 단계별로 다양한 경쟁 관계가 형성되어 있으나 무

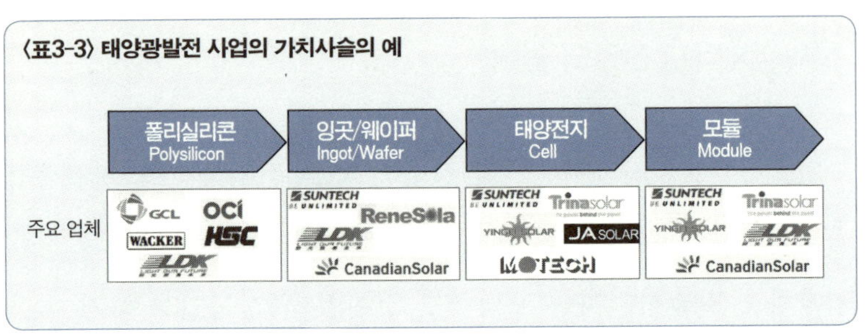

〈표3-3〉 태양광발전 사업의 가치사슬의 예

엇보다 강한 경쟁력은 가치사슬 전후방과 확고한 수급관계가 형
성되어 있어야 한다는 점이다. 한마디로 내가 만든 것을 사줄 사
람이 반드시 존재하는 관계를 형성하고 있는 것이 이 산업의 특
색이기도 하다. 여기에 기업 간의 제휴나 국가의 정책 지도 등에
따라 형성되는 관계가 다르기는 하지만 분명히 이러한 제휴관계

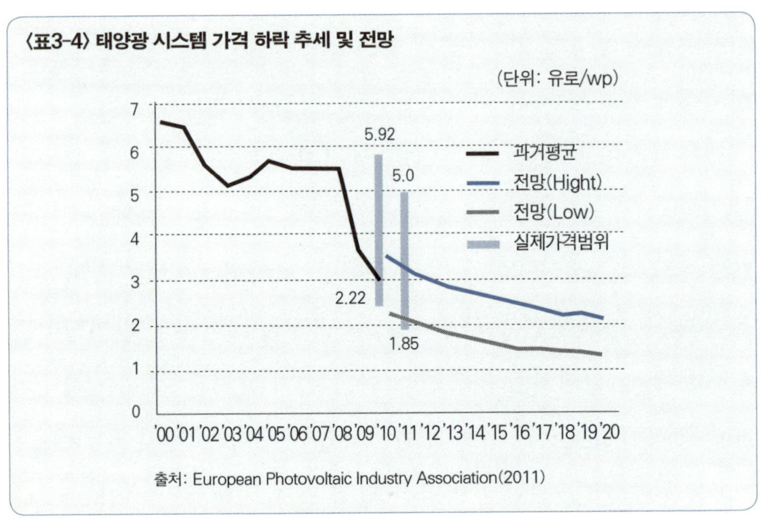

〈표3-4〉 태양광 시스템 가격 하락 추세 및 전망

출처: European Photovoltaic Industry Association(2011)

와 탁월한 기술력이 뒷받침되지 않는 상황에서 독자생존이란 거의 불가능하다.

2008년 이후 신규 업체의 진입으로 발생한 과잉공급 현상은 단계별 제휴의 중요성을 더욱 부각시켰다. 나아가 기업들은 과잉공급에 따른 치열한 원가경쟁과 구매계약의 불확실성을 극복하기 위하여 사업의 다른 단계에 직접 진출하기 시작했다. 이는 원료 단계에서부터 완성품까지 일괄 생산함으로써 각 단계에서 원가절감의 기회를 극대화하고, 구매계약의 불확실성을 최소화하기 위한 시도였다. 태양광산업의 경우 LG, 한화 같은 국내 기업들은 이미 모든 사업단계에 진출하는 수직계열화vertical integration를 달성한 것으로 나타나고 있다. (표 3-4, 표 3-5, 표 3-6 참조)

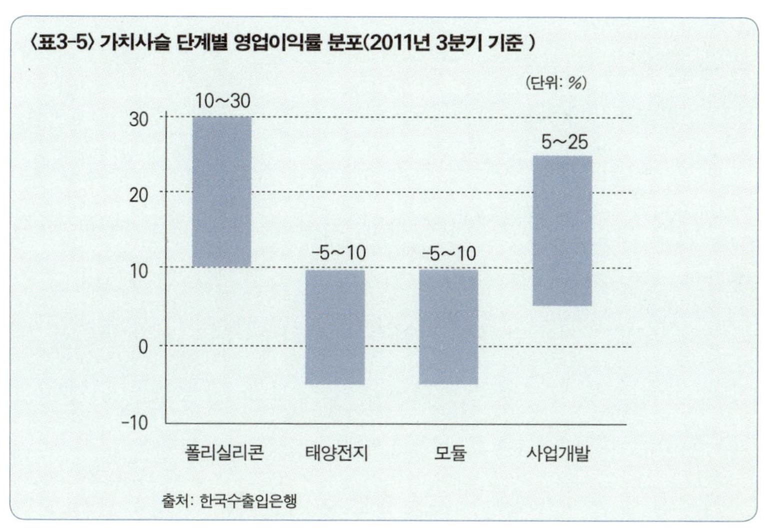

〈표3-6〉 태양광 가치사슬 단계별 핵심 역량 및 수직계열화 현황

	폴리실리콘	잉곳/웨이퍼	태양전지	모듈	시스템/EPC
핵심역량	1 고순도 기술력 2 원가경쟁력	1 규모의 경제/수율 2 판로 확보	1 품질(변환효율) 2 원가경쟁력	1 원가경쟁력 2 판로 확보	1 사업개발능력 2 시스템 안정성
진입장벽	■ 높음 대규모 투자비/ 장기간 소요	■ 보통 반도체 기술역량 요구됨	■ 보통 반도체 기술역량 요구됨	■ 낮음 기술적 차별화 요소 없음	■ 낮음 일반 플랜트와 차별성 적음
LG그룹	LG화학	실트론	LG전자/ LG디스플레이	LG전자/LS산전	LG CNS
현대중공업	KAM		현대중공업	현대중공업	현대중공업
한화그룹	한화케미컬	한화솔라원	한화솔라원	한화솔라원	한화건설

출처: 하나금융경영연구소, 산업은행경제연구소

이는 풍력산업에도 예외가 아니다. 정부 지원책을 기반으로 빠른 성장세를 보인 풍력 시장에 다수의 신규 업체가 진입하였다. 태양광과 마찬가지로 업체들은 서로 경쟁하는 과정에서 각 제품 제조 분야 단계에서의 수직계열화와 규모의 경제를 지향하였다.

그러나 이것은 시장에서의 과잉공급으로 이어졌고, 부품 가격 하락에 따라 각 가치사슬의 수익성은 하락하기 시작하였다. 과잉공급의 압박이 가중되면서 기업들은 점차 제조나 조립 분야를 벗어나 직접 풍력사업을 개발함으로써 수요를 창출하는 단계에까지 이르게 되었다. (표 3-7, 표 3-8 참조)

이처럼 발전사업자로서 프로젝트를 개발하고 실행하는 사업자

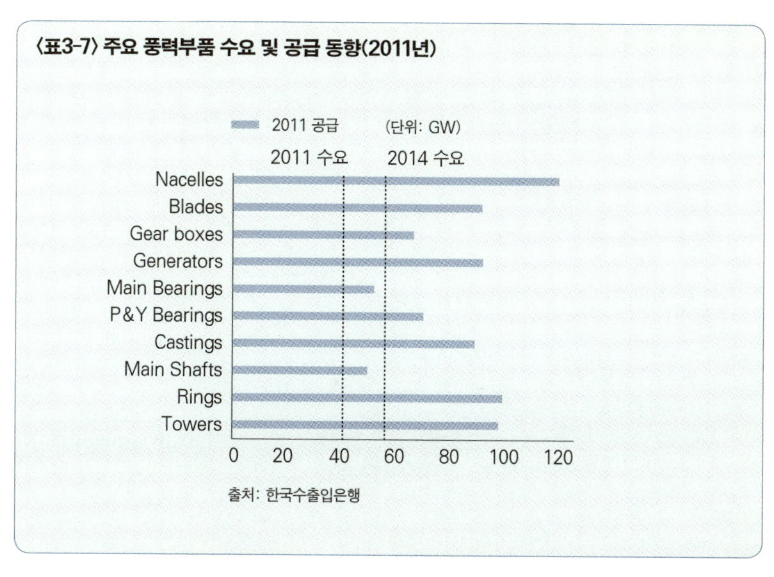

〈표3-7〉 주요 풍력부품 수요 및 공급 동향(2011년)

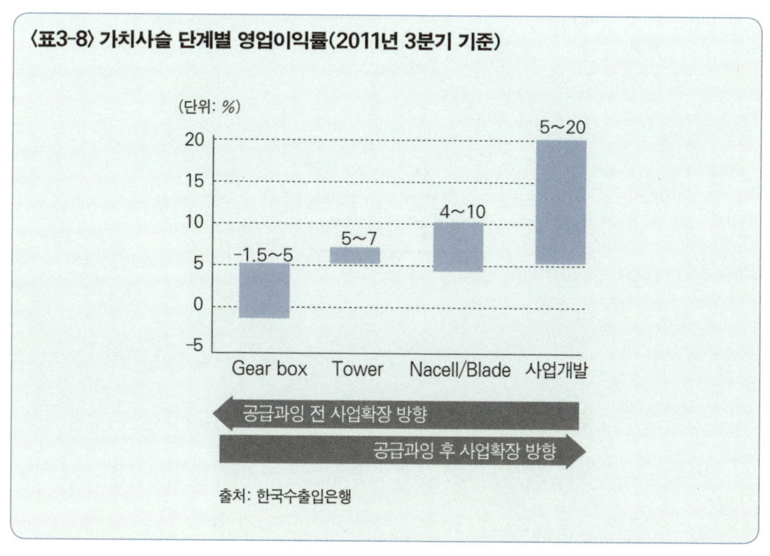

〈표3-8〉 가치사슬 단계별 영업이익률(2011년 3분기 기준)

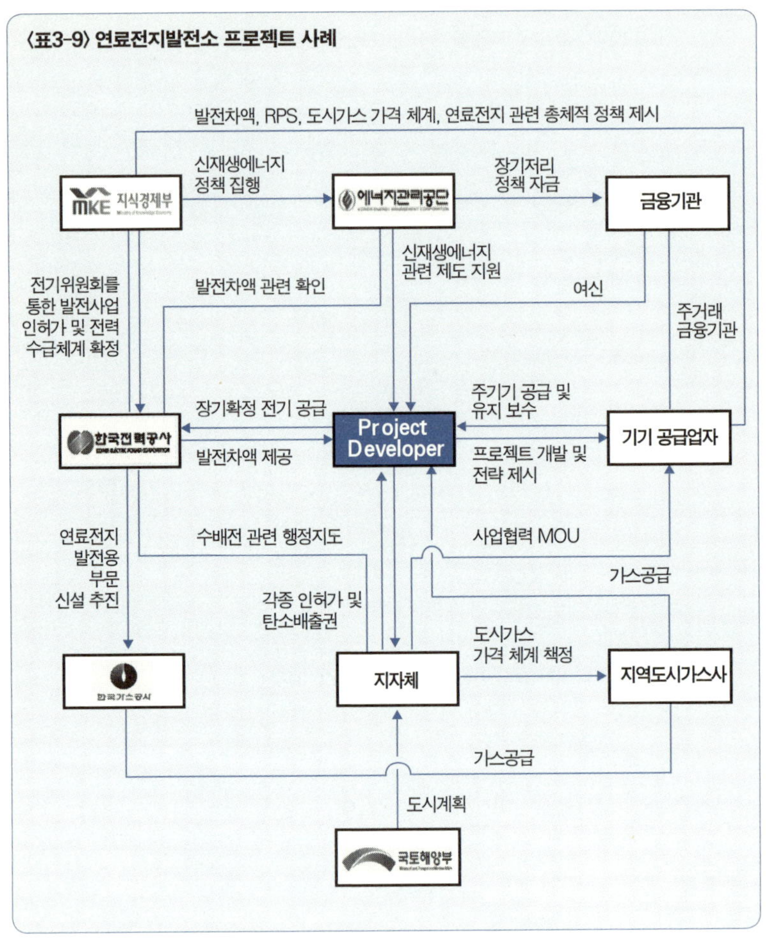

〈표3-9〉 연료전지발전소 프로젝트 사례

를 프로젝트 개발자project developer라고 부른다. 이들은 신재생에너지 발전 프로젝트를 기획하고 단계별로 필요한 기업 및 기관 등과 의사결정을 조율하고, 금융을 일으키고, 지방자치단체 및 관리

감독기관과 보조를 맞추면서 사업을 진행해가는 일종의 건설산업에서의 시행자 역할을 하면서 발전사업에 참여하는 집단이다. 한 프로젝트 개발자가 연료전지를 이용한 발전사업 프로젝트를 진행하면서 관여한 이해관계도를 보면 대략 그들의 역할과 기능을 알 수 있다. (표 3-9 참조)

이렇듯이 신재생에너지 산업은 탄생과 성장의 과정을 거치면서 다양한 산업참여자가 존재하는 이미 하나의 독립적인 산업으로 자리 잡았다.

신재생에너지 산업의 특징

앞서 신재생에너지 산업에서 사업모델에 따른 참여형태를 보는 것이 산업 내부를 살펴보는 방법이었다면 정작 무엇이 이 산업을 정의하는지에 관한 외부적인 요인을 살펴보는 것도 산업을 이해하는 좋은 방법 중 하나일 것이다. 다른 산업에서처럼 어떤 특정한 틀을 통해 파악하는 것도 가능하지만, 전체 에너지원을 모아놓고 보았을 때 다른 산업과 달리 이 산업을 규정하는 특징적인 몇 가지 요인이 있다.

1. 정부 정책에 민감하다

정부의 정책에 영향을 받지 않는 산업은 거의 없다. 하지만 신재생에너지 산업은 정부의 정책에 특히 민감하다. 심하게 얘기하면 정부의 정책이 없으면 현실적인 생존 자체가 불가능하다. 정부가 해당 산업에 보조금이나 지원책을 주는 것도 중요한 이유가 되지만 무엇보다 신재생에너지 산업의 수요와 가격을 결정하는 권한이 정부에 있기 때문이다. 시장경제는 보이지 않는 손에 의해 움직인다고 하지만 신재생에너지 사업은 완전히 드러나 있는 손에 좌우될 수밖에 없다.

2. 발전시설 설치 부지가 중요하다

현재까지의 자료를 보면 대략 2050년에 이르러 전체 에너지 부문에서 신재생에너지가 차지하는 비중이 50%에 이를 것으로 전망된다.

이미 국내에서도 여러 지역에 큰 백색의 바람개비들이 산언덕이나 바닷가에서 돌아가고 있는 것을 볼 수 있다. 이 바람개비를 가까이서 보면, 날개 하나가 대략 40~50m 안팎에 이르는 거대한 금속 구조물이다. 이를 움직여서 전기를 얻으려면 바람이 일정한 방향과 속도와 밀도로 부는 지역을 확보해야 한다. 내륙에 없다면 해안까지 진출해서 원하는 바람을 얻을 수도 있다.

태양광은 일정 수준의 일조량을 지닌 지역을 확보하여야 하고, 내구성과 효율성이 검증된 태양전지를 설치해야 한다. 태양광발전은 태양전지를 해가 잘 드는 곳에 설치하는 것이 중요하다. 발전용량을 늘리려면 그만큼 많은 수의 태양전지를 설치해야 한다. 그러려면 이 발전 시설을 설치하기 위한 부지도 확보되어야 한다.

부지만 놓고 보았을 때, 설치용량기준으로 1MW급의 연료전지는 660m²(약 200평), 태양광 3만 3,000m²(약 1만 평), 풍력은 16만 5,000~33만m²(약 5만~10만 평)가 필요한 것으로 알려져 있다.

햇볕과 바람이 무한하다고 해서 무한하게 재생되는 것은 아니다. 단위면적당 생산할 수 있는 전기의 양은 한정되어 있다.

3. 검증된 기술만 상업화된다

신재생에너지 산업에서의 가장 큰 숙제이자 고민거리가 원가경쟁력이다. 같은 기술이라도 상업적으로 증명된 기술이 적용된 발전시설이 성과 예측이 가능하기 때문에 자기 자본만으로 사업을 수행하는 것이 부담될 때 금융권에서 차입을 일으키기에 유리하다. 그뿐 아니라 기술을 제공하는 기업의 관점에서도 자신들의 성과에 대해 일정 수준까지 성능보증performance guarantee을 하는 것이 가능하다.

풍력이나 태양광, 조력 발전 같은 경우 아이디어 차원의 기술을 마치 완전 상용화가 끝난 기술처럼 포장하여 투자를 유치하거나 발전 사업을 하겠다고 하고서는 결과가 없어 실망을 안겨주는 경우가 많다.

기구와 같은 거대한 풍선에 바람개비를 달아서 이를 바람이 잘

부는 높은 공중에 띄워 거기서 전기를 얻어서 지상으로 보낸다거나, 인공위성 수준의 태양광 발전판을 우주로 보내 전기를 생산해서 이를 레이저와 같은 파장으로 지구로 전송한다거나 하는 이론적으로, 또는 실험실에서만 가능한 얘기들을 마치 당장이라도 상업화가 끝난 것처럼 포장하는 사례들이 그것이다.

신재생에너지 산업에서는 검증되지 않은 기술은 절대로 사업화될 수 없다는 사실을 명확히 전달할 필요가 있다. 신재생에너지로 생산된 전기를 정부에서 높은 가격에 사주는 것은 전기가 생산된다는 전제하에서이다. 검증되지 않은 기술로는 안정적으로 전기가 생산되리라는 보장이 없으며, 그 경우에 기술을 제공하는 주체가 자기 기술을 보장해줄 수 없거나, 그렇다 하더라도 제3자가 그에 관한 보장을 해줄 수 없는 구조에서는 그 기술이 상업적으로 채택될 가능성은 없다고 해야 할 것이다.

따라서, 드물기는 하지만 그래도 분명히 상업화된 기술들이 있고, 그 기술을 바탕으로 설비와 기기가 제작되고 있으므로 신재생에너지를 이용한 발전사업자가 되려 한다면 반드시 검증된 기술을 이용한 발전시설을 이용하는 것이 바람직하다.

2 국제적인 문제아가 된 신재생에너지

우리나라는 현 정부 정책의 근간으로 녹색성장을 내세웠고 이 것은 급기야 새로운 성장동력원으로 자리매김하는 듯했다.

대통령령의 각종 지원 대책과 법령과 위원회가 만들어졌지만 곧이어 불어닥친 국제 금융위기와 유로존 국가의 불안한 정세 속에 정권 후반기의 레임덕현상까지 맞물리면서 신재생에너지 정책은 표류하고 있다고 해도 지나친 말이 아니다. 이런 현상은 국내에만 국한된 것이 아니라 해외 거의 모든 국가에서도 나타나고 있는 현상이다.

각국의 재정악화는 그간 신재생에너지 산업에 배정되었던 보조금이나 지원금의 축소로 이어지고 있어서 관련 기업들의 도산,

매각, 합병 등 산업 차원의 구조조정이 일어나고 있으며 이러한 현상은 당분간 지속될 것으로 보인다.

정치권의 관심 밖으로 밀려나다

유럽과 미국은 리먼 브라더스Lehman Brothers사태니 유럽발 금융 위기니 하여 상대적으로 덜 중요하게 인식되는 신재생에너지 분야의 재정을 축소했다. 이들 국가의 에너지 분야 기업들의 주가

〈표3-10〉에너지 분야 기업들의 주가동향

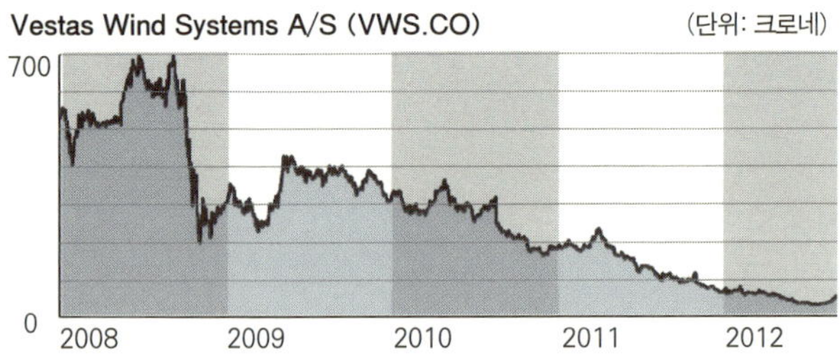

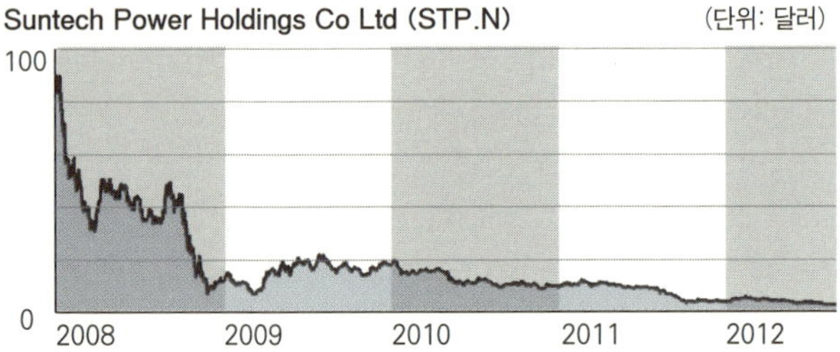

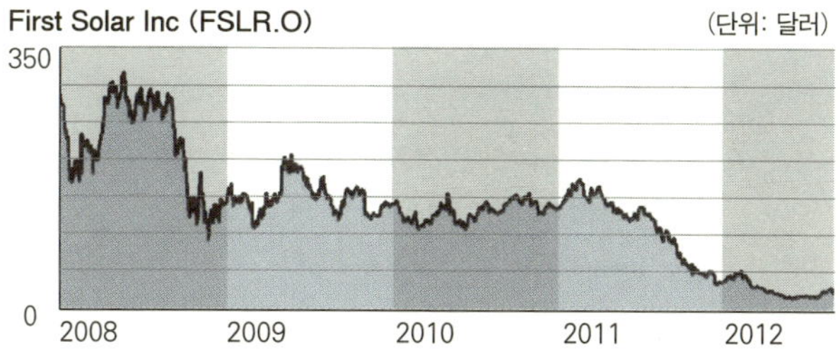

First Solar Inc (FSLR.O)
(단위: 달러)
350
0
2008 2009 2010 2011 2012

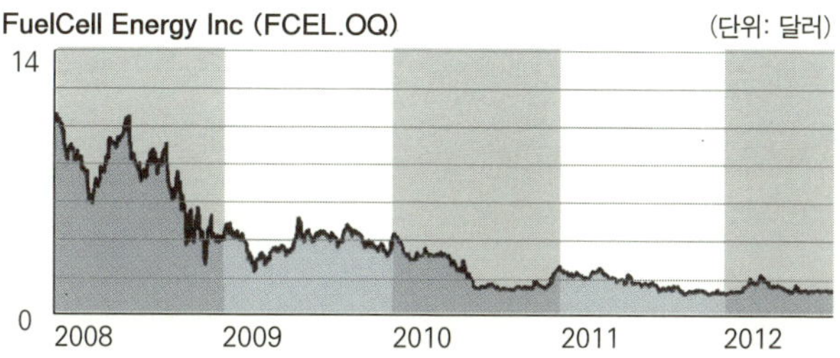

FuelCell Energy Inc (FCEL.OQ)
(단위: 달러)
14
0
2008 2009 2010 2011 2012

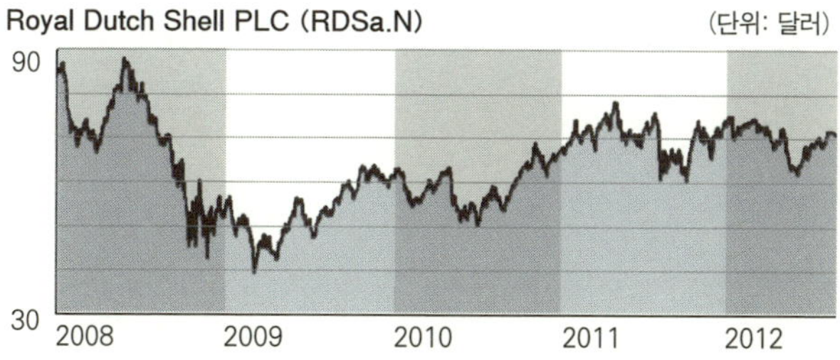

Royal Dutch Shell PLC (RDSa.N)
(단위: 달러)
90
30
2008 2009 2010 2011 2012

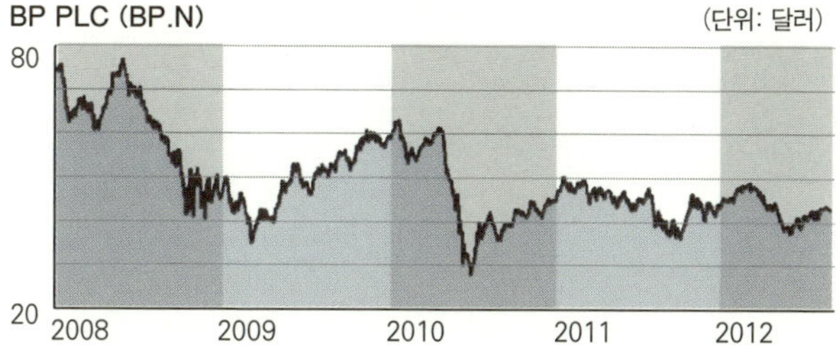

BP PLC (BP.N)
(단위: 달러)
80
20
2008 2009 2010 2011 2012

독일 지멘스도 태양광사업 버린다

수익성 악화·낮은 성장성에 '백기' … 보조금 중단도 원인

독일의 전기전자업체이자 신재생에너지 전문기업인 지멘스마저 태양광 사업에서 손을 떼기로 했다. 태양광 사업이 경제성이 거의 없는 데다 향후 전망도 밝지 않다는 이유에서다. 독일 정부가 태양광 사업에 대한 보조금을 삭감키로 한 것도 주된 배경으로 꼽힌다. 줄줄이 무너지고 있는 전 세계 태양광 업계의 현주소다.

◆"낮은 성장성과 높은 비용 때문"

지멘스는 22일(현지시간) 발표한 보도자료를 통해 "태양광 사업부문을 매각할 계획"이라고 발표했다. "잠재적인 후보들과 매각협상을 벌이고 있다"며 "에너지사업 전반의 수익률을 높이기 위한 조치"라고 밝혔다. 태양광 사업에서 철수하기로 한 이유도 덧붙였다. "태양광 시장의 사업환경 변화와 낮은 성장성, 비용 증가 압력 등으로 인해 사업 실적이 기대치에 부합하지 않았다"는 것.

지멘스는 2009년 아르키메데 솔라 에너지 등 2개 관련 업체를 인수하면서 태양광 사업을 본격화했지만 그동안 이익을 제대로 내지 못했다. 지난 9월 기준 올해 재생에너지 부문 매출은 전년 동기 대비 35% 증

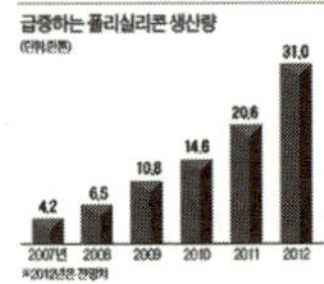

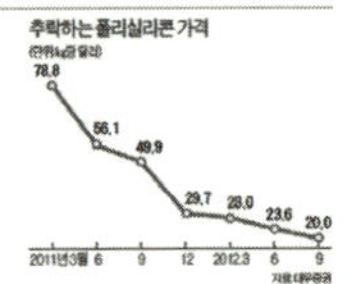

가했지만 순이익은 오히려 34%나 줄었다. 마틴 스카펠 코메르츠방크 애널리스트는 "지멘스가 이 같은 결정을 한 배경은 너무나 명백하다"며 "태양광 사업은 지멘스의 주요 경쟁력이 아니며 이 절망적인 시장에 집중할 어떤 이유도 없다"고 지적했다.

독일 정부가 최근 태양광 사업 보조금을 삭감한 것도 매각을 결정한 이유 중 하나로 분석된다. 세계 최대 태양광 시장인 독일은 지난 7월 관련 보조금을 최대 29%까지 줄였다. 2014년부터는 보조금 지급을 아예 중단할 방침인 것으로 알려졌다.

지멘스는 "향후 재생에너지 사업을 풍력과 수력 분야에 집중할 방침"이라며 "전체적인 에너지사업 부문을 태양광을 제외한 화력과 풍력 등으로 재편성할 계획"이라고 밝혔다. 태양광 부문의 매각 금액이나 감원 계획 등은 구체적으로 밝히지 않았다.

지멘스 태양광사업 부문엔 680여명의 직원들이 일하고 있다. 블룸버그통신은 이날 "전체 실적이 집계되는 다음달 8일 이후에 구체적인 매각 방침이 공개될 것"이라고 내다봤다.

◆줄줄이 무너지는 태양광 업체들

지멘스 뿐만이 아니다. 태양광 전문 업체들이 줄줄이 무너지고 있다. 2011년 9월 미국 태양광패널 생산업체 솔린드라의 파산 보호 신청을 시작으로 어바운드솔라(미국 태양광패널 제조업체), 큐셀(독일 태양전지 제조업체) 등이 연이어 파산 보호를 신청했다.

세계 2위 태양광웨이퍼 생산업체인 중국 LDK솔라는 지난해 5월 이후 전체 직원의 절반인 약 1만명을 해고했다. 골드만삭스가 투자해 뉴욕증시에 상장된 중국의 태양광패널업체 선테크는 2007년 79달러였던 주가가 최근 92센트까지 폭락했다.

경제성이 없어 정부 보조금에 의존하고 있는 게 가장 큰 문제란 지적이다. 유럽 재정위기 등으로 수요 위축과 판매단가 하락이 겹어지자 관련 기업이 파산 지경까지 몰리는 부메랑으로 돌아오고 있다는 것이다.

태양광발전 소재로 쓰이는 폴리실리콘의 세계 생산시설 규모는 2007년 4만2560t에서 올해 31만714t으로 7배 이상 폭증했다. 그러나 작년 3월 kg당 78달러대였던 폴리실리콘 가격은 지난달 역대 최저치인 20달러까지 떨어지며 공급 과잉에 따른 역풍을 맞고 있다.

고은이 기자 koko@hankyung.com

를 같은 기간 BP와 로열더치쉘의 주가와 비교해 보면, 정부의 지원이 얼마나 중요한지 바로 알 수 있다. 세계적인 신재생에너지 관련 기업의 주가를 보면 대부분 기업이 한창 각광을 받고 있을 때와 비교해서 현재 반 토막 수준을 넘어 거의 10분의 1 수준으로 떨어졌다. (표 3-10 참조) 미국 및 유럽 각국에서 앞다투어 신재생에너지 산업을 육성하다가 위기의 순간에는 언제라도 발을 뺄 수 있는 분야가 바로 이 신재생에너지 산업이라는 점을 방증하는 셈이다(한국경제신문 기사 참조).

신재생에너지를 살펴보면 바이오연료(쉽게 생각하면 나무를 태우는 것, 옥수수를 발효시켜 에탄올을 얻거나 콩이나 야자유를 화학반응을 통해 디젤과 비슷한 연료를 얻는 것)나 폐기물(폐플라스틱을 작은 펠릿형태

로 만들어 연료처럼 쓰는 것)의 일부를 제외하고는 궁극적인 결과물은 결국 전기이다. 태양광을 받아서 전기를 만들고, 바람에 맞춰 커다란 바람개비를 돌려서 전기를 얻고, 천연가스를 태우지 않고 연료전지를 이용해 화학반응을 일으켜 전기를 얻는다. 신재생에너지의 직접적인 경쟁 상대는 전통적인 방식(석탄이나 천연가스를 연소시켜 물을 끓여서 나오는 증기로 터빈을 돌려서 전기를 얻는 방법)으로 전기를 만드는 화력발전이나 원자력발전이다.

신재생에너지의 경제적인 한계는 바로 이점이다. 전통 방식으로 얻는 전기의 생산원가보다 훨씬 높은 원가가 투입되어야만 신재생 전기를 얻을 수 있다. (표 3-11 참조)

신재생에너지를 통한 발전에 비해 언제 고갈되어 없어질지 모르고, 이산화탄소 배출 등으로 환경오염(화석연료를 연소시키면 이산화탄소, 황, 질소 화합물들이 나온다) 문제가 심각한 화석연료를 이용한 발전이나, 일본처럼 원자력을 이용하다 자칫 잘못하여 대재앙을 불러올 수 있는 핵발전의 가장 크고 명백한 우위는 경제성에 있다.

발전단가는 발전원가에 이윤을 더한 것으로, 발전원가는 제조원가와 판매관리비 및 제세비용을 포함하는 값이고, 이중 제조원가는 재료비, 인건비, 수선유지비, 감가상각비 및 기타비용을 합한 금액이다. 발전회사의 입장에서 발전원가는 총비용원가로 법인세비용을 포함한 총비용을 생산량으로 나눈 값이다.

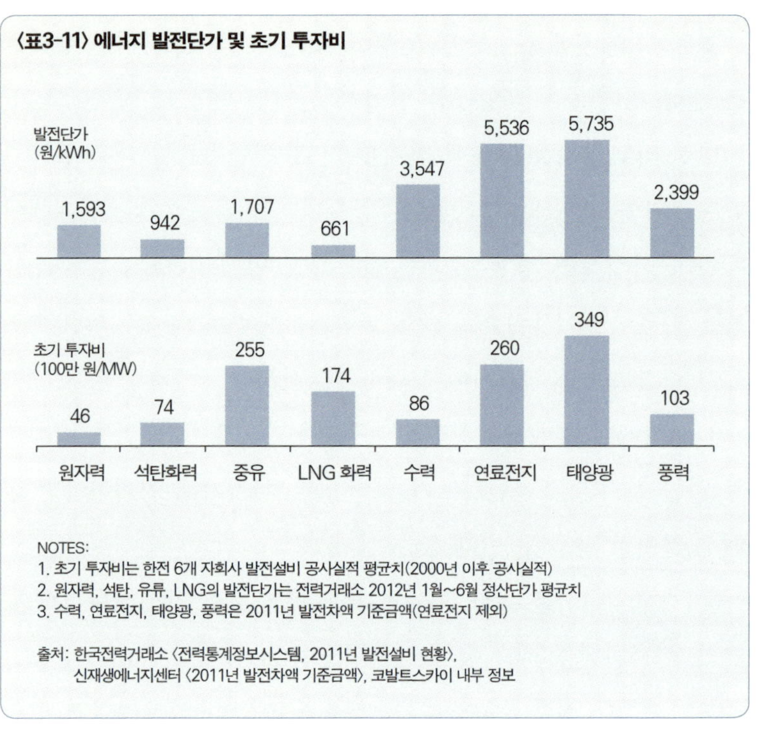

경제성에서 경쟁열위에 있는 신재생에너지를 그나마 경쟁의 반열에 올려놓을 수 있는 것은 정부의 보조금 같은 지원책뿐이다. 일정 기간 어느 정도의 지원을 하겠다는 것은 다분히 정부의 자의적인 판단이며, 또한 결심이기도 하다.

물론 신재생에너지 업계에서도 화석연료와의 힘겨운 경쟁에서 열등한 지위를 개선해 보겠다고 지속적인 기술개발로 원가절감을 시도하고 있지만 불행하게도 대등하거나 우위의 경쟁력을 갖기까지는 (발전원에 따라 다르겠지만) 꽤 시간이 걸릴 수밖에 없는 것이 현실이다.

벗어날 수 없는 속지주의의 늪

재생에너지는 원료가 필요 없는 태양광이나 풍력발전 등이 여기에 속한다. 원료가 없으니 사업의 운영비가 거의 들지 않지만 가장 큰 단점은 사용자가 원할 때 전기가 생산되지 않을 수도 있다는 점이다. 해가 쨍쨍 내리쬐고 바람이 불어야 전기가 나온다(태양광발전의 발전효율은 8~15%, 풍력발전은 30%이다). 이는 입지선정이 가장 중요한 변수일뿐더러 그에 수반되는 인허가 역시 중요한 요소이다.

또한 생산된 전기를 공급망에 연결하려면 송배전망과 너무 떨어져 있으면 송전시 손실되는 전기(전기를 보낼 때 전선 자체의 저항으로 전기에너지가 열에너지로 변환되어 손실이 일어난다)가 많아 입지에서 제약요건으로 작용한다.

바이오에너지나 폐기물도 태양광이나 풍력발전이 처한 현실과 크게 다르지 않다. 바이오연료의 대부분을 차지하는 것은 바이오에탄올이나 바이오 디젤인데 그 원료를 보면, 에탄올은 옥수수, 디젤은 대추야자와 콩이다. 옥수수를 생산하기 위해서는 대규모의 농장이 필요하고, 대추야자, 콩 같은 경우도 대규모의 농장뿐만 아니라 기온도 일정하게 유지되는 열대지방이 훨씬 유리하다.

식물에서 에너지원을 추출하는 것을 좀 더 넓은 의미로 살펴보면 식물이 씨앗일 때부터 흡수하면서 축적한 물과 태양에너지 중 자기가 크는 데 쓰고 남은 것을 다른 형태로 변환하여 사용하는 것이다. 에너지의 추출 면에서 보면 아주 비효율적인 시스템이지만 이 에너지원의 근원은 역시 물과 햇빛이다. 그러니 바이오에너지의 시작은 물과 에너지가 풍부한 입지에서부터 결정되는 것이다.

폐기물 역시 마찬가지이다. 폐기물이라고 해서 그냥 단순 쓰레기가 아니라 그래도 쓸 만한 쓰레기를 얘기하는 것이다. 일반적으로 플라스틱 조각이나 나뭇조각 등과 같이 그나마 불을 붙였을 때 불이 붙을 만한 것들을 수거해서 적당한 가공과정을 거쳐 또 다른 에너지원으로 사용하는 것을 말한다.

플라스틱은 그 원료가 석유이다. 정제하면서 나오는 탄화수소를 가공해서 만든 것이니 기본적으로 그 탄화수소 정도는 아닐지언정 연소에 필요한 열량은 충분히 지니고 있다. 다만, 이를 수집하고, 가공하고 또 연소시켜서 적절한 열원으로 쓰기까지는 설비, 규제 등의 사업환경에 민감한 영향을 받는다.

가끔 텔레비전이나 언론매체의 광고를 보면 삼면이 바다인 우리나라에서 해조류를 이용해서 석유화학 원료를 생산한다느니 하는 얘기로 기업을 홍보하는 것을 볼 수 있는데 이는 그런 것이

기술적으로 가능하다는 것이지 그것이 대규모의 경제성 있는 사업이 된다는 얘기는 아니다. 단순한 홍보성 멘트임을 인지할 필요가 있다.

국내에서 최적의 부지를 확보하기도 쉽지 않지만, 항상 그렇듯이 좋은 프로젝트일수록 좋은 입지를 먼저 확보하는 경향이 있다. 따라서 한번 어떤 프로젝트가 완성되고 나면 그 이후에 진행되는 프로젝트는 처음 것보다는 분명히 입지적인 면에서 떨어지는 선택일 가능성이 높다. 이는 이전에 든 것보다 훨씬 더 많은 시간과 비용이 투입되어야 하니 당연히 경제성이 떨어질 가능성이 높다. 그렇게 되면 투자자나 사업자는 수동적일 수밖에 없고, 결과적으로 성장은 둔화될 수밖에 없으며 궁극적으로는 한계가 있을 것이라는 예상이 가능하다.

이런 모든 요소를 고려한다면 섣부른 결론일 수 있지만, 재생에너지로는 우리나라 내륙에서 좋은 입지 찾기는 어렵다고 보아야 할 것이다. 괜찮은 곳은 이미 다 사용되었다고 해도 과언이 아닐 것이다. (표 3-12 참조)

입지의 제약과 원료의 제약에 앞서 절대 간과하면 안 될 사실은 신재생에너지 산업의 특징은 향글로벌向global 산업이라는 점이다. 내수용이 아니라 해외용이어야 한다는 것이다. 왜냐하면 이미 국내는 포화상태이고, 그렇다면 돌파구는 해외에서 찾아야 한다. 최근 태양광이나 풍력발전 프로젝트가 해외에서 대형화하면

풍력
풍속 6.5m/s 부지 1.5만 평 이상 * 풍부한 풍력자원 및 대규모 사업부지 필요

국내 풍력자원 지도

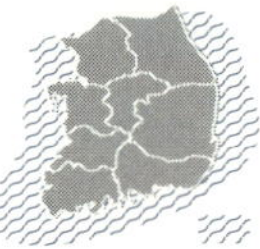

육상지역, 풍속 6.5m/s 이상 지역 제한적임

태양열
부지 15만 평 이상 * 풍부한 일조량 및 대규모 사업부지 필요

태양열발전 부지

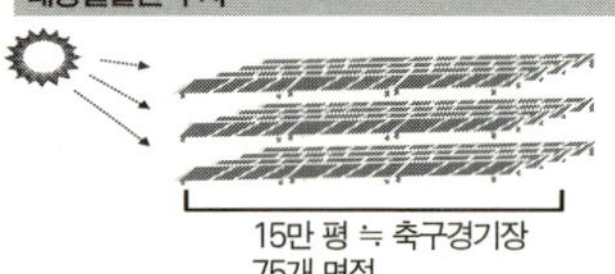

국내 대규모 부지 확보 가능 지역 부재로 국내 도입 어려움

지열
지하열원 150℃ 이상 * 풍부한 지하열원 필요

주요 국가 지열발전 도입 현황

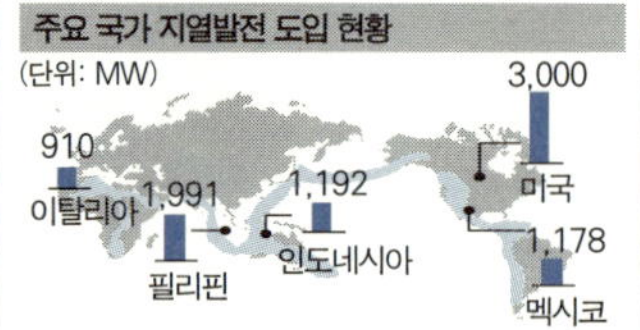

발전용 고온 지열자원은 환태평양 조산대 지역 등에 집중되어 있음

바이오
에너지화를 위해 옥수수, 콩 등의 원재료가 대량으로 요구됨

* 옥수수 수입 99%, 콩 수입 93%로 국내 원재료 확보 어려움

* 해조류의 경우, 자원 불충분 2008년 파래 생산량 8,298톤은 설비 용량 0.3MW 수준

폐기물
에너지화를 위한 대량의 폐기물 요구됨

* 높은 재활용률 수준(82%)으로 중·장기 폐기물 확보 어려움

* 지속적인 인구감소로 인한 폐기물 발생 감소

소수력
안정된 발전을 위한 풍부한 수자원과 연중 고른 강수량 요구됨

* 연중 극심한 강수량 편차로 인하여 가동률 40% 수준

* 퇴적물 축적으로 상수원 오염 가능성 높음 환경오염에 대한 민원 다수

서 국내 기업들이 참여하는 것을 볼 수 있다. 이런 노력이나 시도가 없다면 국내 신재생에너지 설비나 기술을 보유한 기업들이 세계적인 기업으로 성장하는 것이 현실적으로 불가능하다.

태양광과 풍력에서 세계적인 큰 수요는 중국과 인도에서 나온다. 이들 나라에서 일어나는 대형 프로젝트의 특징은 대규모 신재생에너지를 이용한 발전사업에 필요한 설비는 자국산을 이용하도록 하는 강제 조항이 있다는 것이다. 그렇다 보니 태양광과 풍력발전의 세계 기업 순위에서 보이지도 않던 중국 기업들이 이

〈표3-13〉 태양광, 풍력 업체 순위

| 순위 | 태양광 | | | | 풍력 | | | |
| | 2005년 | | 2011년 | | 2005년 | | 2011년 | |
	회사명 (국가)	점유율 (%)	회사명 (국가)	점유율 (%)	회사명 (국가)	점유율 (%)	회사명 (국가)	점유율 (%)
1위	Sharp (일본)	23.50%	Suntech Power (중국)	5.80%	Vestas (덴마크)	28.10%	Vestas (덴마크)	12.90%
2위	Q-Cells (독일)	9.10%	First Solar (미국)	5.70%	GE Wind (미국)	17.90%	Goldwind (중국)	9.40%
3위	Kyocera (일본)	7.80%	Yingli Green Energy(중국)	4.80%	Enercon (독일)	14.50%	GE Wind (미국)	8.80%
4위	Sanyo (일본)	6.90%	Trina Solar (중국)	4.30%	Gamesa (스페인)	13.00%	Gamesa (스페인)	8.20%
5위	Mitsubishi (일본)	5.50%	Canadian Solar (캐나다)	4.00%	Suzlon (인도)	6.20%	Enercon (독일)	7.90%

출처: 에너지관리공단 〈신재생에너지백서〉, BTM Consult 〈World Market Update〉, REN21 〈Renewables2012 Global Status Report〉

제 1, 2위를 다투게 되었다. (표 3-13 참조)

어찌 보면 선순환이고, 이런 게임에 참여하지 못하는 다수의 소외된 기업과 국가의 입장에서는 지독한 악순환이다. 대규모 프로젝트에 소요되는 설비나 운영 기업이 되려면 설치 실적과 운영 노하우를 반드시 평가받는다. 그런데 여기서도 부익부빈익빈 현상이 일어난다. 정부의 지원과 보호하에 많은 프로젝트에 참여한 자국 기업이 당연히 많은 경험과 실적을 보유하게 되고, 그러다 보면 다시 더 많은 프로젝트에 참여할 기회를 잡는다. 결국 몇몇 대형 기업player들이 게임을 독식하는 엔드게임end game이 된다.

최근 유럽계 태양광 업체들은 중국이 자국 내 태양광 패널업자들에게 장기 저리의 융자와 함께 관대한 금융조건을 제공하여 경쟁력을 확보하는 바람에 자신들이 파산할 지경에 이르렀다고 중국의 대표적인 태양광 업체인 잉리, 상더 등의 선발 업체를 유럽연합 집행위원회에 제소하기도 했다.

요람 속의 기술 개발

신에너지는 연료전지, 청정석탄기술(석탄에서 액체 연료를 추출하는 기술로 연소 시보다 환경오염이 덜하다) 등 말 그대로 새로운 에너지인데 이들이 전기를 생산하려면 원료가 필요하다. 신에너지의 장점은 기존 화석연료를 이용하지만 이들을 연소시켜서 전기를 얻는 방식에 비해 이산화탄소의 배출이 훨씬 적고, 발전효율(발전기에 투입하는 에너지 대비 발전량의 비율로 일반적으로 백분율로 나타낸다. 화석연료의 연소열로 발생시킨 증기를 이용하는 기력汽力발전에서는 터빈에 유입하는 증기의 열에너지가 곧 투입에너지인데 대략 35% 선에서 투입된다. 연료전지는 40%가 투입된다)에 있어 기존 화력발전과는 비교할 수 없는 높은 수준을 보인다는 점이다. 또 정기적인 유지보수가 필요하지만 기계적인 결함이 없는 한 24시간, 365일 전기를 생산할 수 있다는 점에서 기존 화력발전과 유사한 발전모델이다.

하지만 설비가 고가이다 보니 초기 설치비 부담이 크고, 지속적으로 원료를 공급해야 하므로 원료비가 운영비에서 차지하는 비중이 높다. 따라서 원료 가격(천연가스, 실질적으로 도시가스 가격)에 따라 사업성이 변하기도 한다. 신재생에너지 산업이 지닌 비경제성의 한계를 극복하려면 무엇보다 기술적 측면이 받쳐주어야 한다는 것도 바로 이 때문이다.

신재생에너지 산업에서 기술 개발의 목표는 신재생에너지 산업의 경쟁력 향상에 있다. 다시 말해, 단기간에 화력발전 수준의 발전원가를 맞추는 것이다. 그러나 기술개발은 하루아침에 이루어지는 것이 아니다. 지식과 경험이 충분히 축적되어야 가능할 뿐 아니라 해당 기술을 실제로 적용해 봄으로써 지속적으로 변화·발전해 가는 과정을 통해 가능한 것이다.

일례로 연료전지는 50여 년 전 미국에서 아폴로 우주선에 전기와 열을 공급하는 시스템으로 쓰였다. 우리나라의 대학과 기업 및 정부기관에서 연료전지 연구에 몰두하면서 많은 연구비를 쓰고 있지만 정작 상업용 발전에 쓰는 연료전지는 미국 등에서 들여온 것을 쓰고 있다.

국가 차원에서 많은 재원을 투입하여 진행하고 있는 연료전지는(국과위 자료 참조) 정작 국내에 있는 세계 최대 규모의 상업용 연료전지 발전소에서는 벌써 오래전에 미국에서 상용화된 기술을 이용한 제품을 설치하여 성공적으로 운영하고 있다. 도대체

〈표3-14〉 부처별, 에너지원별 투자금액 (단위: 억원)

	태양광	연료전지	바이오	폐기물	석탄이용	풍력	수소	해양	지열	태양열	수력
교육과학기술부	1,015	486	648	227	89	107	686	11	4	5	
국토해양부		11	69	108		16	57	351			
농림수산식품부	1		108	23		4			1	4	
지식경제부	3,879	2,497	1,209	726	1,078	1,590	162	161	285	225	37
환경부		5	4	592		12	2		2		
중소기업청	294	53	44	160		72	15	0	9	4	2
방위사업청	14	346		2							
농촌진흥청		2	186	43					8		
산림청			168								
소방방재청				2							

출처: 국가과학기술지식정보서비스 조사분석데이터
　(국가과학기술위원회 신재생에너지 100분토론회 발표자료. 2012.8.31)

연구개발의 목표와 목적이 무엇이며, 성과는 어떻게 평가하고 있기에 이런 상황이 벌어지고 있는가? 이미 이 기술을 공급한 미국 회사는 운전 중 발생할 수 있는 기계 결함으로 전기가 생산되지 않았을 때 사용자가 입는 손실을 보전해 줄 정도로 기술에 대한 보증이 확실하다. 우리의 기술개발 관리는 제대로 되고 있는가? (표 3-14 참조)

기술개발에서의 또 다른 딜레마인 NIHNot Invented Here 현상을 꼽을 수 있다. 내 손으로, 또는 국내에서 개발한 기술이 아니면 고유의 기술이 아니라는 태도를 보이는 현상이다. 이는 지극히 시대착오적이며 기술쇄국주의적인 발상이라고밖에 말할 수가 없다.

결론적으로 신재생에너지 산업을 새로운 성장 동력으로 육성하려면 정부의 적극적인 의지 없이는 불가능하다. 우리나라는 자연적인 환경이나 원료의 조달, 기술 개발 수준 등을 놓고 봤을 때 신재생에너지 산업을 추진하기에 적합한 나라는 분명 아니다. 그렇다면 그냥 수수방관하는 자세로 있어야 하는가? 그래서는 안 된다. 우리의 미래가 달린 산업인 만큼 이런 약점을 극복할 방안을 찾아야 할 것이다.

3 대안 모색

전략을 짜기 위해서는 환경이 어떨지를 점쳐보는 게 일반적인
방법이다. 향후 신재생에너지를 둘러싼 환경을 예측하려면 미래
에 관한 시나리오를 써 보는 것도 좋은 방법이다. 시나리오는 미
래에 일어날 수도 있는 큰 변수들에 관한 가능성을 모아보는 것
이다. 따라서 반드시 그런 일이 일어난다거나 일어나지 않는다거
나 하는 징검다리 식 예측과는 다르다.

여기에서는 미래를 시나리오를 통해 조망해 보고, 각 시나리오
안에서 신재생에너지의 약점을 극복할 방법은 무엇이고 어떻게
실행할 수 있는지 모색해 본다.

신재생에너지 산업환경 시나리오

우선 시나리오 구성을 위해 신재생에너지 산업에 큰 영향을 미치는 동인부터 살펴볼 필요가 있다. 앞서 반복적으로 이야기한 정부정책의 기조, 입지 조건 및 기술개발 문제 중에서 입지 조건은 신재생에너지 산업의 동인이라기보다는 산업의 특징이자 극복하기 어려운 제약요건이기도 하다. 따라서 이는 시나리오를 구성하는 데 그리 큰 영향을 미치지 않기 때문에 제외하겠다. 지속적으로 변하면서 영향을 주는 요인들을 동인이라고 한다는 점을 명심할 필요가 있다.

신재생에너지 산업은 그 태동부터 '대체에너지'로 시작하였다. 따라서 화석에너지, 즉 직접적인 경쟁 대상인 석유와 석탄, 천연가스 등의 가격, 특히 국제유가의 변화가 신재생에너지 산업의 부침浮沈에 아주 큰 영향을 미친다. 상대적으로 국제유가가 고공행진을 하면 당연히 대체에너지라고 불리는 신재생에너지원은 제대로 대접받을 것이고, 국제유가가 하락하면 비싼 신재생에너지보다는 싸고 익숙한 전통 화석에너지에 관심을 뺏기고 찬밥 신세가 될 것이다.

따라서, 시나리오 구성을 위한 여러 동인 중에 가장 큰 영향을 미치는 것은 결국 크게 세 가지로 정리할 수 있다. 우선 가장 중요하면서 산업의 존폐도 좌우할 수 있는 것이 정부의 정책 및 방향이다. 두 번째로 지대한 영향을 미치는 것이 국제유가이다. 마지막으로 신재생에너지 산업이 태생적으로 극복하지 못하고 있지만 업계의 모든 엔지니어나 연구원이 매진하고 있는 기술의 진보를 들 수 있다.

이 세 가지 동인의 조합으로 보면 여덟 가지 조합의 시나리오가 가능하지만 이 중 유의미한 시나리오는 네 가지이다. 시나리오별로 '유토피아', '주마가편走馬加鞭', '독립선언', '빛 좋은 개살구'라고 이름을 붙였다. (표 3-15 참조)

시나리오 1. 유토피아

이런 상황은 말 그대로 신재생에너지의 유토피아다. 정부의 정책 기조도 산업에 대해 우호적이고, 신재생에너지와 가장 큰 대체 관계에 있는 유가도 높다. 여기에 기술의 발전 또한 획기적으

〈표3-15〉 신재생에너지 산업환경 시나리오

정부의 정책 및 기조	전반적 수준							
	우호적	우호적	우호적	우호적	미온적	미온적	미온적	미온적
국제유가	고유가	고유가	저유가	저유가	고유가	고유가	저유가	저유가
기술의 진보	급격한 발전	현재 수준	급격한 발전	현재 수준	급격한 발전	현재 수준	급격한 발전	현재 수준
	시나리오1 유토피아	시나리오2 주마가편	시나리오3 독립선언	시나리오4 빛 좋은 개살구	현실적으로 신재생에너지 산업 유지 어려움			

로 이루어져서 치명적인 약점으로 남아있던 가격경쟁력을 확보했다. 이렇다고 하면 많은 사업자의 출현이 가능하고, 정부는 오히려 지원책 축소까지도 고려할 수 있는 상황이다.

시나리오 2. 주마가편

정부의 정책도 우호적이고, 대체제도 고가인데 기술적인 발전이 더디다 보니 경제성이 확보되지 않는 상황이다. 아마 현 정부에서 녹색성장의 기조를 발표할 당시와 상황이 유사하다. 이런 상황에서 정부는 적극적으로 보조금이나 지원책을 발표하며 사업자 및 기술개발에 지원과 투자를 해야 한다.

시나리오 3. 독립선언

우호적인 정부를 만나서 전반적인 환경이 신재생에너지 사업을 하기에 적합하나 대체재인 유가의 하락으로 별로 관심을 끌지 못한다. 하지만 그래도 기술적인 진보로 원가경쟁력이 확보되었다면 기업의 독자적인 판단에 의해 신재생에너지 사업에 투자하는 것을 고려하는 상황이다.

시나리오 4. 빛 좋은 개살구

보통 정권 말기가 되면 아무도 움직이려고 하지 않고, 새로운 정책도 내놓으려 하지 않는다. 전진도 후퇴도 없는 그 상태에서

말로만 녹색성장을 외치는 상황이다. 이런 상황에서는 사업자도, 개발자도 앞을 보고 어떤 행동을 하기에는 너무 위험이 크다.

이 네 가지 시나리오는 그나마도 신재생에너지 전반에 걸쳐 정부의 기조가 우호적임을 전제로 한다. 정부의 기조가 미온적인 상황이 된다면 신재생에너지 산업은 사실상 죽은 거나 마찬가지이다. 이에 관해 수많은 다른 의견을 제시한다고 해도 결국은 같은 결과를 낳을 것이다. 정부가 이런 현실을 직시하고 있지 않다면 그동안의 노력이 한순간의 물거품으로 끝날 수도 있다. 그런 경우가 어찌 신재생에너지 산업뿐일까마는 신재생에너지 분야는 특히 더 영향을 받는다. 그래서 어떤 새로운 리더가 이런 개별 사안을 직접 챙기고 마침내 이기는 게임으로 이끌 수 있을지 회의가 드는 것도 사실이다.

시나리오를 통해 조명해 본 미래에서 한 가지 희망이 있다면, 시나리오를 구성하는 세 가지 동인 중에 국제유가를 제외하고는 그나마 우리에게 선택권이 있다는 점이다. 어떤 선택을 하느냐에 따라서 신재생에너지 산업을 하나의 독자적이면서 국제적인 경쟁력을 갖춘 산업으로 육성할 수도 있고, 아니면 그냥 남들이 하기에 따라 한다는 식으로 유행에 편승했다가 돌아서는 결과가 될 수도 있다. 정책과 기술개발은 우리에게 얼마든지 선택권이 있기 때문이다.

정부의 역할

신재생에너지에 대한 정부의 우호적인 기조는 무엇을 말하는가? 사업을 한다고 해서 무작정 그냥 장기저리의 자금을 지원해주고, 되지도 않는 땅의 인허가를 풀어주는 것이 정부의 우호적 기조가 아니다. 이미 존재하고 있는 지원체계를 살펴보고 그에 관한 약간의 개정과 합의를 통해 훨씬 좋은 제도로 만들면 보다 더 긍정적인 결과를 기대할 수 있다.

이미 관련 법도 다 정비된 상태이고, 다양한 방법과 조직도 마련되어 있다. 원래 취지에 맞지 않거나 잘못 운영되고 있는 몇 가지 요소를 개정하거나 신설해서 신재생에너지 산업을 선진국 수준이 아니라 세계적인 수준으로 끌어올릴 수도 있다. 남들이 하지 않고 있는 지금이 국가적인 기회이다.

현재까지 신재생에너지는 경제성이 낮은 것이 문제였다. 이를 극복하려면 정부의 주도적 역할이 매우 중요하다. 세계 각국 정부는 과감한 산업화 지원 정책을 펴고 있다. 독일은 1980년대에는 기술개발 촉진 프로그램 중심의 정책을 추진하였고, 1990년대에는 발전차액지원제도를 통해 산업을 육성했다. 2000년에 발표한 '재생에너지법Renewable Energy Act'은 산업 육성에 초점을 맞추어 신재생에너지의 기준가격을 고정가격으로 설정, 20년간 보장함으로써 민간기업의 투자를 촉진했다. 해당 기업들이 자체적인 경

〈표 3-16〉 주요국가 재생에너지 현황 및 정책

재생에너지산업 육성정책을 통해 2010년 8%를 차지한 재생에너지 비중을 2035년까지 11.7%까지 증가시킬 계획

2020년 신재생에너지 공급비율 20% 목표로 제시
- 원전 사고 이후 재생에너지 목표를 2035년까지 53%로 대폭 확대하는 수정계획 검토 중

2020년 재생에너지 공급목표는 1차 에너지의 15%임
- 2007년에만 3,400㎿급의 풍력발전 설비를 도입했고 태양광 모듈 분야에서는 세계시장 점유율 1위에 올라설 만큼 투자를 늘리고 있음

2020년, 전체에너지 수요 중 재생에너지 비중 20%까지 확대
- 2050년까지 50%로 늘려나가겠다는 방침을 확정
- 독일은 2011년 재생에너지 발전량이 전체 20% 차지

자료: 범부처 신재생에너지 R&D 추진전략(안)(지식경제부 등), 주요국 재생에너지 현황 및 정책(외교통상부)

쟁력을 갖추는 시점까지 기준가격을 점진적으로 감소시켜 전기 생산량이 감소하는 기간에는 운영비를 보조해 계절의 영향을 받는 태양광 및 풍력 분야에 민간투자가 이루어지도록 유도했다.

덴마크는 1990년대부터 적극적인 지원정책을 편 결과, 세계적인 풍력설비 업체들을 보유하게 되었다. 1979년부터 재생에너지 친화정책을 추진하였으며, 1990년대 초반부터 발전회사들이 재생에너지를 의무적으로 구입하게 하는 정책을 시행했다(우리나라의 RPS[1] 제도와 유사함). 1990년대 중반에는 원자력발전을 중단했으며, 1997년에 화력발전소의 추가건설을 금지하는 정책을 도입했다. 덴마크는 정부 주도로 에너지 시장 선점을 위한 기반 구축에 성공한 사례로 평가된다. 현재는 중국 기업의 등장으로 국제적인 입지가 다소 약화된 측면이 있지만 관련 산업의 국제 경쟁력은 충분히 확보하였다.

다른 나라들은 각각 중점 육성하는 분야가 다르며, 미국과 독일을 제외하고 현재 신재생에너지 분야 전반에서 강점을 갖춘 나라는 적다. 각 나라는 자국의 내·외부 환경을 종합적으로 고려하여 차별화된 정책을 수립하는 전략을 펴고 있다. (표 3-16 참조)

1〉 RPS(Renewable Energy Portfolio Standard): 일반적으로 대형 발전사업자에게 자신의 총 발전량에서 일정 비율을 신재생에너지로 충당하도록 의무화하는 제도를 말한다. 신재생에너지의 보급 확산을 위한 것으로, 우리나라에서는 2012년 1월 1일부터 시행했다. RPS제도는 신재생에너지의 발전량을 기준으로 목표가 설정되므로 시장 규모를 산정하기 쉽다는 장점이 있다.

우리나라에서 시행되고 있는 RPS제도는 발전설비용량이 500MW 이상인 대형 발전사업자를 대상으로 이들을 신재생에너지의 보급과 확대의 의무를 이행해야 하는 '공급의무자'로 선정하였다. 이 공급의무자 대상 기업은 매년 새로 선정해 사전에 공지한다. 올해부터 시작하

여 공급의무자는 자신들의 연간 총발전량의 2%에 해당하는 발전량
을 신재생에너지원으로 공급해야 한다. 대상 기업은 자신들이 직접
신재생에너지 발전설비를 도입하여 직접 발전을 하거나 아니면 다
른 신재생에너지 발전사업자가 발전을 통해 얻게 되는 일종의 인증서
Renewable Energy Certificate(REC)를 특정 시장에서 구매해서 자신들에
게 부과된 의무할당량을 채워야 한다

이런 직접 발전을 하거나 인증서를 사서 의무량을 채우거나 한 결과
를 판정하여 자신들에게 부과된 할당량을 이행하지 못했을 때 과징금
을 부과하게 되어 있다. 현재 RPS는 미국 · 호주 · 이탈리아 · 영국 ·
일본 · 스웨덴 · 폴란드 · 중국 · 태국 등 전 세계적으로 44개 이상의
국가에서 시행 중이다.

우리나라에서도 작년까지 발전차액지원제도[2]를 통해 신재생에
너지 산업을 육성하여 왔고, 올해부터는 RPS제도를 시행하고 있
다. 현재까지 우리나라의 신재생에너지 산업과 관련한 정책은 우
호적이었고, 산업을 보호하려는 움직임도 충분하나 현재 시행 중
인 RPS제도에는 반드시 보완이 필요하다.

✎ 2〉 발전차액지원제도(FIT, Feed In Tariff): 신재생에너지 사업의
경제성을 확보하기 위해 신재생에너지를 통해 얻어지는 전기의 가격
이 정부가 고시한 일정 가격(기준가격)보다 낮은 경우 기준가격과 판

매가격 간의 차액(발전차액)을 정부에서 지원해주는 제도이다. 이 제도는 정부가 일정 기간 신재생에너지로 발전되는 전기를 일반 전기 가격보다 높게 사줌으로써 사업자에게 수익을 보장해주기 때문에 사업자는 안정적인 현금흐름을 발생시킬 수 있다. 더불어 사업이 예측가능해지므로 투자 및 융자 또한 용이하다는 장점이 있다.

태양광이나 풍력발전같이 원료가 필요 없는 재생에너지는 시간이 지나면서 지속적으로 원가가 하락한다. 하지만 연료전지나 청정석탄 같이 특정 화석 원료가 필요한 신에너지는 원료의 국제가격 및 국내가격의 변동에 따라 원가가 변할 수 있는 소지가 있다. 따라서 발전차액에 원료가를 반영할 필요가 있다.

산업 내에서 개별 에너지원(예, 태양광 풍력 등)에 관해서는 앞에서 지적한 제약 요인을 고려하지 않고 백화점식 지원을 하고 있다는 점이 개선할 부분이다.

다시 말해 태양광, 풍력, 바이오, 연료전지 등 11개 신재생에너지원(발전원) 중에서 산업화 관점에서 핵심 분야를 선정하고 여기에 집중 투자하는 전형적인 선택과 집중 모델을 택할 필요가 있다. 기술개발도 마찬가지이다. 한정된 재원에서 최대의 효과를 얻기 위해서는 희생이 따르기 마련이다. 대학과 연구소에서 신재생에너지의 다양한 분야를 연구하고 있지만 이는 어디까지나 연구일 뿐이다. 상업적으로 경쟁력을 갖추어야 하는 신재생에너지 산업 전반의 미션을 해결하지 못하는 것이라면 우선순위에서 밀릴 수밖에 없다.

한 산업이나 사업에서 선택과 집중이라는 숙제를 풀기 위해서는 '구조조정'이라는 다리를 건너야 한다. 신재생에너지 산업의 구조조정은 몇 가지 기준에 의해 어떤 기업을 살리고 죽이는 개별 기업 대상의 논의가 아니라 에너지원 별로 이루어져야 한다. 그 선별결과에 따라 앞으로 우리나라에서는 해당 에너지사업이 완전히 없어질 수도 있는 것이므로 정말 어려운 판단일 수밖에 없다.

예를 들어 '…앞으로 우리나라에서 무엇무엇을 이용한 발전사업은 수익성이 없어 보이니 그에 대한 지원금이나 제도적 보완은 현재의 정책으로 현재까지 설치된 사업만을 대상으로 한다'는 발표가 있다고 하면, 관련 기업, 연구기관, 사업자와 그에 딸린 수많은 관련자, 학자 등이 가만히 있을까? 어떤 정치인이 이런 결정을 지원하고 강하게 실행에 옮길 수 있을까?

신재생에너지 산업에서 선택과 집중의 결과, 몇몇 에너지원에 관해 정부의 보조금이나 지원정책을 변경하거나 폐지하겠다고 발표하는 것만으로도 어렵게 자리 잡은 걸음마 수준의 이 산업을 흔들어 놓을 수 있다. 수많은 민원과 거센 반발이 있겠지만 그렇다 해도 이런 과정은 반드시 필요한 일종의 성장통일 것이다.

기술확보 방안

에너지원에 관한 선택과 집중의 원칙에 따라 우선순위가 정해졌다면 그다음은 해당 에너지원을 이용한 기술확보를 어떻게 할 것인가가 문제다. 기술확보에서 어떤 분야에 얼마의 자원을 배분할까를 고민하는 것인데 이 고민만큼 중요하지만 연구원들이 외면하는 주제로 무엇은 직접 하고(Make) 무엇은 외부와 공동연구하고(Collaborate) 또 무엇은 사(Buy) 올 것인가에 관한 결정이다.

하지만 사는 것에 대해서는 자기 존재가치가 없어진다고 생각해서인지 심각하게 고민하는 연구원이 많지 않다. 무엇보다 빠르고 확실한 연구결과가 중요한 기술개발 문제에서 쇄국주의적인 태도로 일관한 탓에 신재생에너지 산업이 점점 소외되는 것 같아 안타깝기도 하다.

다른 분야도 마찬가지지만 신재생에너지 분야에서는 기술을 살 기회가 무궁무진하다. 더군다나 몇 년 전만 해도 감히 엄두도 낼 수 없었던 회사들이 싼값에 매물로 나오면서 그 회사들이 연구개발에 들인 투자금의 일부만으로도 그 회사를 통째 살 수 있게 되었다.

일례로 앞서 얘기한 아폴로 우주선과 이후 스페이스셔틀 프로그램에도 참여한 연료전지회사는 지난 50년 동안 연료전지 개발에 들인 연구개발비가 거의 1조 원에 이르지만 M&A 시장에서 회사가치는 '0'에 가깝게 평가받고 있다. (물론 사업적인 가치는 기술의 가치와 다르다.)

이는 풍력발전, 태양광 등 전 분야에 걸쳐 나타나고 있는 현상이어서 만일 국가적 차원에서 특정 분야를 육성하겠다 하여 자원을 집중한다면 1년 이내라도 세계수준의 기술력과 기업을 확보할 수 있다.

국가 차원에서 어떤 산업을 일으킨다는 것은 기술의 확보 없이 절대 불가한 얘기이니 비전이 있다면 그 목표를 달성하는 것은 이제는 그냥 멀리 있는 꿈이 아니다. 일본, 미국, 유럽의 기술을 받아와서 시작한 반도체, 가전, 자동차, 조선 등 세계 일류를 만든 살아있는 경험과 사례는 다른 나라의 얘기가 아니다.

4 실행계획

정책 차원의 실행계획

정부 및 정책 차원에서의 실행계획은 복잡할 필요가 없다. 현재 실행되고 있는 RPS제도에 관한 수정과 보완을 통해서도 상당한 결실을 볼 수 있다.

현재 우리나라에서 신재생에너지 산업에 관한 유인책, 또는 지원책으로는 RPS제도가 있다. 하지만 이 제도는 결론적으로 말하면 지금이라도 보완책을 만들지 않으면 반드시 실패할 제도이다. 원래 이 제도의 취지는 정부의 신재생에너지 산업 육성 부담을 기업과 나누어지자는 것이었다. 13개 대형 발전사에서 그들이 생산하는 전기의 2%를 신재생에너지원으로 충당하게 함으로써 정부의 부담을 발전업을 하는 기업에 전가한 것이다.

전체 전기 생산량의 2%는 올해 부과된 목표이고 매년 여기에

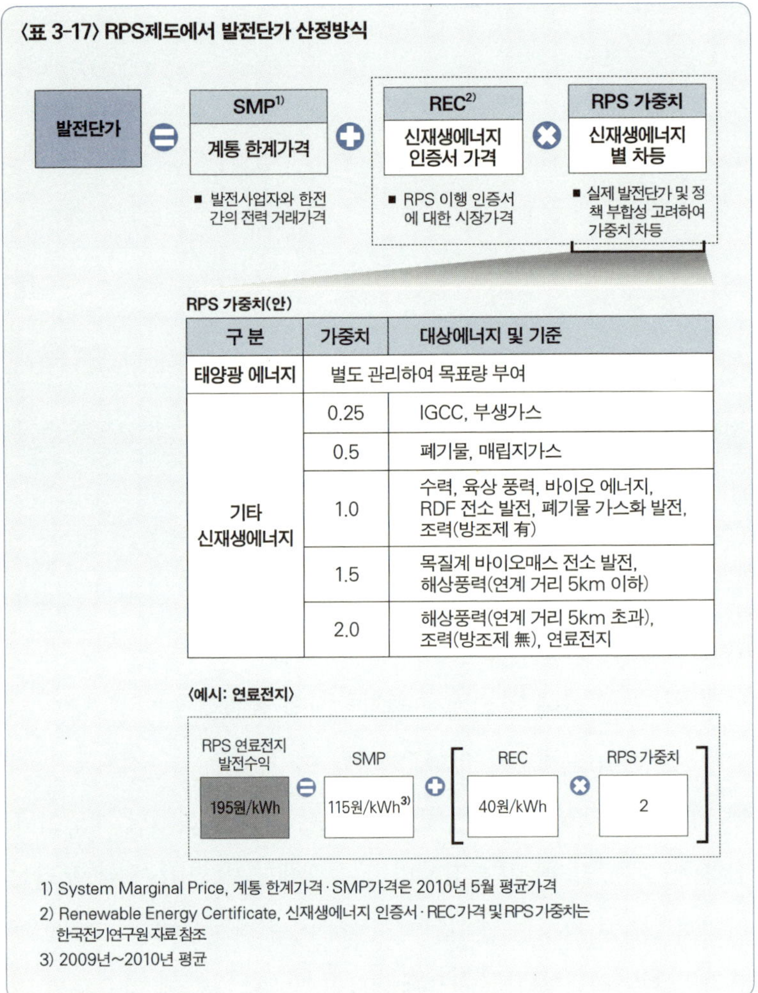

RPS 가중치(안)

구 분	가중치	대상에너지 및 기준
태양광 에너지	별도 관리하여 목표량 부여	
기타 신재생에너지	0.25	IGCC, 부생가스
	0.5	폐기물, 매립지가스
	1.0	수력, 육상 풍력, 바이오 에너지, RDF 전소 발전, 폐기물 가스화 발전, 조력(방조제 有)
	1.5	목질계 바이오매스 전소 발전, 해상풍력(연계 거리 5km 이하)
	2.0	해상풍력(연계 거리 5km 초과), 조력(방조제 無), 연료전지

〈예시: 연료전지〉

1) System Marginal Price, 계통 한계가격·SMP가격은 2010년 5월 평균가격
2) Renewable Energy Certificate, 신재생에너지 인증서·REC가격 및 RPS가중치는 한국전기연구원 자료 참조
3) 2009년~2010년 평균

0.5% 포인트씩 더 추가해서 궁극적으로 향후 10년 동안 전체 생산량의 10%를 신재생에너지로 충당하겠다는 야심 찬 계획이다. 그래서 이 할당량을 충당하지 못하면 과징금을 부과하겠다는 보기에는 그럴듯한 제도이다. 하지만 여기에 심각한 문제가 생겼다. (표 3-17 참조)

현재 우리나라에서 신재생에너지를 이용하여 생산하는 전기의 총량은 이들 13개 대형 발전사 연간 발전량의 1%도 채 되지 않는다. 없는 것을 어찌 채우라는 말인가? 원래의 취지는 그래서 대형 발전사들이 신재생에너지에 관한 투자를 촉진했는데 투자는 둘째치고 어찌하면 과징금을 부과받지 않을 수 있을까 하는 고민으로 각 발전사의 실무자들은 골머리를 앓고 있다.

분명히 신재생에너지를 이용한 발전사업도 사업이다. 그러나 몇몇 정부 관련 연구소는 그런 기본적인 인식도 없었고, 정부는 이런 곳에 용역을 줘서 나온 결과물을 검토조차 하지 않았다. 이렇게 만들어진 제도를 그래도 한두 해는 시행해 봐야 결과를 알 수 있다며 손 놓고 있는 공무원들의 안일함까지 더해지며 신재생에너지 사업은 퇴보의 위험에 처해 있다.

RPS제도의 문제점과 해결의 실마리

태양광이나 풍력발전 같은 발전을 하려면 원료가 필요 없다.

원가가 들어가지 않는 재생에너지는 기술의 발달 등으로 기계값이 계속 하락하기 때문에 사업 계획 시에 발전원(예로 태양광, 풍력 등)에 적합한 사업지를 확보했다면 일정 수준의 현금흐름을 창출할 수 있다. 또한 현금흐름도 꽤 일정해 사업자가 금융기관으로부터 자금차입 등에 그리 큰 어려움이 없었다.

대부분의 발전설비는 주로 대기업이나 대기업 관련 기업이 제조하고, 또 제품이 일정 수준 이상의 성능이 되지 않았을 때 기계에 결함이 있다면 사업자가 손실 부분을 보전해주는 것이 관례이다. 그러니 발전차액지원제도하에서 매출은 정부에서 15년간 보장해주고, 기계에 결함이 생기면 납품을 한 대기업에서 손실을 보전해준다. 그러니 햇빛이 잘 들거나 풍속, 풍향, 밀도가 일정 수준 이상인 양질의 바람이 생기는 곳에 발전소를 지으면 어느 정도는 돈을 벌 수 있는 구조였다.

하지만 RPS제도는 정부가 일정 기간 생산된 전기를 비싸게 사줌으로써 사업자를 지원하는 것이 아니라 매월 생산된 전기량에 따라, 그리고 어떤 발전원을 이용했는가에 따라 가중치를 달리해 신재생에너지 공급인증서인 REC를 발급한다. 이 인증서를 정해진 현물시장에서 경매 방식으로 매매해서 얻는 매매가가 해당 기업의 매출액이 된다.

문제는 여기서 시작된다.

1. REC 가격 변동에 따르는 매출 변동 위험성

- 신재생에너지 발전사업 수익은 전적으로 REC의 판매로부터 발생한다. 그런데 현물시장에서 매월 끊임없이 변하는 REC 가격을 바탕으로, 최소 수백억이 투입되는 신재생에너지 사업의 사업비를 외부, 특히 금융기관에서 조달하는 것은 매출의 불확실성 때문에 현실적으로 불가능하다. 참고로 올해 들어 MW급 이상의 신재생에너지 발전사업은 현재까지 시행된 것이 없다.

- 하지만 정부와 본 RPS제도를 계획하고 실행에 옮긴 주체들은 완전한 시장경쟁원리에 따라서 REC 거래를 할 수 있다고 주장한다. 그러나 현실적으로 13개 의무공급자(대형 발전사, 매수인)와 비태양광 분야에서는 그와 비슷하거나 적은 숫자의 REC 생산자(신재생에너지 발전사업자, 매도인)가 거래하게 되는데, 완전 시장경쟁원리를 따라야 한다고 해서 REC 가격에 상한가도 하한가도 존재할 수 없도록 강제하고 있다. 따라서 매출액 변동 리스크를 방치하는 꼴이 되고 있다.

- 신재생에너지 발전사업자는 장기 공급계약으로 REC 가격을 고정하고 이에 관한 리스크만이라도 줄이려고 노력하고 있으나 현물시장에서 형성된 REC 가격이 변하다 보니, 매수인인 대형 발전사들(의무공급자들)도 선뜻 나서서 REC 구매계약을 체결하지 못하고 있다.

- 매수인(의무공급자) 대부분이 공기업인 한전의 발전자회사들이며 이들의 현실적인 딜레마는 고정가격으로 장기계약을 체결하여 그들에게 할당된 REC양을 채우고 싶어도 매월 변하는 REC 가격 때문에 그러지 못한다는 것이다. 사후 책임의 문제와 이어지는 감사 문제로 장기계약에 대해서는 아무도 움직이려 하지 않는 상황이다.

- 결국 RPS제도하에서는 신재생에너지 발전사업자인 REC 생산자도, 매수인인 의무공급대상자도 누구도 움직이려 하지 않을 것이므로 발전차액지원제도에서 RPS제도로 전환하여 신재생에너지 산업을 육성하겠다는 정부의 정책은 좌초될 것이 뻔하다.

- 이러한 문제점을 해결하는 방안으로 여러 가지가 고려되고 있지만 최근에는 제도 자체가 갖는 불확실성 및 변동성에 관한 리스크가 제거되거나 REC 가격이 일정 범위로 한정되지 않는다면 제도의 성공 여부와 상관없이, 국가의 신재생에너지 산업 육성정책은 시작부터 잘못된 길로 접어들었다고 판단할 수밖에 없다.

2. REC 수급문제와 발전사들의 대응 행태

- 태양광발전 사업체는 현재 1,400여 개가 있다. 사업규모가 작다 보니 시장 상황에 따라 업체가 늘어나기 쉽지만, 비태

양광 부문은 개별 사업마다 일정 규모의 투자가 수반되어야
하므로 쉽게 착수할 수 없다는 어려움이 있다.

- 그 결과, 대규모의 REC가 생성되는 비태양광 부문에서 시
  장에 가용할 REC의 양이 절대적으로 부족함에도 REC의 가
  격을 대형 발전사들이 하향 안정화하려는 의도가 곳곳에서
  포착되고 있다.

- REC를 구매해야 하는 의무공급자들은 REC가 시장에 많이
  나오지 않아도 적당히 낮은 가격에 구매를 다 해버리고 시
  장에 더 이상 REC가 없어서 구매를 못 했다는 이유로 과징
  금을 피하려는 움직임이 있다.

- 따라서, REC가 시장에 많이 나올 수 있도록 정부의 다양한
  지원책이 절실하다.

3. 과징금 징수에 대한 정부의 불투명한 의지

- 현 RPS제도에서는 신재생에너지 의무 비율을 이행하지 못
  한 대형 발전사에 한 해 동안 거래된 REC의 산술평균가의
  150% 이내에서 과징금을 부과하도록 하고 있다. 그러나 시
  장에서 거래할 수 있는 REC가 턱없이 부족해짐에 따라 정
  부는 정부가 보유하고 있는 REC를 시장가의 4분의 1 수준
  (13원이 채 안 됨)으로 대형 발전사에 배정하려다 보류하는 일
  이 일어났다. 그 결과 과연 정부가 이를 강제적으로 시행할

수 있는지 회의적일 수밖에 없다.

- 하지만 이미 오래전부터 RPS제도의 도입을 고지했지만 발전사들의 반응은 미온적이다. 그들은 발전사 모두 의무수행에 실패할 것이며, 따라서 정부가 모두에게 과징금을 부과하지는 못할 것으로 판단했다. 설사 정부가 과징금을 부과한다 하더라도 산술평균가로 하게 되면 정부의 대량 저가 물량의 영향으로 실제 지불할 과징금은 그리 많지 않으리라고 본다.

- 초기 부과량부터 과하다는 것은 이미 밝혀진 사실이며, 이를 기안한 당사자들도 탁상행정의 결과로 의무공급대상자가 된 이들에게 우호적인 태도를 보이고 있다. 그러므로 정부는 제도 시행의 의지가 확고하다면, 제도 시행 초기에 좀 더 포괄적이며 실질적인 업계의 의견을 반영하여 제도가 잘 자리 잡도록 전면적인 수정을 가해야 할 것이다.

종합해 보면, 우선 거래 대상인 REC 물량이 비현실적으로 적으므로 이에 대한 조정이 필요하고(예를 들어, 에너지원별 적용하는 가중치의 조정 등으로 현실적으로 달성할 수 있게 만들어야 한다), 가격에 대해서도 예측 가능한 수준이 보장되어 최소한 사업성 검토를 할 수 있는 수준이 되어야 한다. 또한 무엇보다 정부는 이 제도의 시행이 대형 발전사를 구제하기 위한 편법이 아니라 신재생에너지

〈표 3-18〉 2012 REC 거래 상황

비태양광 REC 거래 상황　■ 비태양광 의무공급 총량=6,061,942MWh(1REC=1MWh)

거래 일시	거래가격(원/REC)	거래량	의무공급량 대비(%)
2/29	42,421	1,031	0.017
4/4	48,192	1,254	0.021
5/4	52,251	4,215	0.070
6/8	52,357	4,111	0.070
7/6	54,922	11,012	0.182
8/8	63,173	10,412	0.172
9/5	65,909	14,551	0.240
10/5	71,747	16,231	0.268
합계		62,817	1.036

태양광 REC 거래 상황　■ 태양광 의무공급 총량=276,000MWh

거래 일시	거래가격(원/REC)	거래량	의무공급량 대비(%)
2/29	229,444	18	0.007
3/4	220,000	44	0.016
4/18	219,862	553	0.200
5/16	161,000	4	0.001
6/13	159,638	166	0.060
7/18	163,449	1,856	0.672
8/22	164,482	873	0.316
9/12	166,823	1,131	0.410
합계		4,645	1.686

산업을 일으키기 위함이라는 사실을 재인식할 필요가 있다. (표 3-18 참조)

엄격한 신상필벌이 적용되도록 관리감독이 필요하며, 신재생에너지 산업 육성을 국가적인 차원에서 주요 안건으로 삼으려 한다면 REC를 의무적으로 구매해야 하는 대상을 대형 발전사로 국한하지 말고 에너지 다소비 기업이나 기관 등으로 확장하는 것도 고려할 필요가 있다.

이 RPS제도는 현재 모든 신재생에너지 산업과 관련된 정책의 시작점이자 집합점이므로 신재생에너지 산업 육성과 우호적인 정책 기조를 비롯한 모든 것을 이 제도하에서 움직일 수 있다.

신재생에너지원에 대한 선택과 집중

어떤 에너지원에 집중할 것인가? 이 문제야말로 논리적인 답을 얻기 이전에 상당한 논란의 소지가 있다. 하지만 앞에서도 강조한 것처럼 신재생에너지 산업의 경제성을 확보하기 위한 가장 빠른 방법 중 하나는 같은 수준의 기술이라면 대량생산을 할 수 있어야 한다는 것이다. 대량생산 능력만 갖추는 게 아니라 그만큼 판매도 가능해야 하고, 또 앞서 지적한 입지적인 제약이 상대적으로 적은 에너지원을 찾아야 한다. 이 산업의 특징인 글로벌 시장 지향형이어야 한다는 것도 바꿔 말하면 대량으로 판매할 수

제주도 남단서 녹색 풍력 바람 '씽씽'
남부발전, 가파도 500kW급 풍력발전 준공

한국남부발전(사장 이상호)은 '가파도 탄소없는 섬(Carbon Free Island) 구축 사업'의 일환으로 제주도 서귀포시 가파도에 풍력발전기 500kW를 준공했다고 지난 10일 밝혔다.

가파도 Carbon Free Island 구축 사업은 풍력발전기로 가파도에 필요한 전력을 100% 생산하고 전기자동차 및 스마트 그리드를 통해 탄소없는 섬으로 만들고자 제주도청, 한국전력과 남부발전이 공동으로 추진하는 사업이다. 남부발전은 총 공사비 24억원을 투입해 250kW급 풍력발전기 2기를 건설했다.

연간 1090MWh의 전력을 사용하고 있는 가파도는 그간 150kW급 디젤 발전기 3대 등이 섬 전체 130여세대의 전력 공급을 책임져왔으나 앞으로는 남부발전에서 건설한 250kW급 풍력발전기 2기가 가파도 전체 전력 공급을 담당하게 된다. 이는 연간 2억원의 원유 수입을 대체하고 677tCO2/년의 온실가스 감축 효과가 기대된다.

특히 가파도 탄소없는 섬은 이달 6~15일 제주에서 열리고 있는 세계자연보전총회(WCC)기간 중 180여개국 환경단체, 회원들이 둘러볼 수 있도록 코스화해 우리나라의 녹색기술 추진 의지를 홍보하고 첨단 녹색 기술 체험의 장으로 제공될 예정이다.

남부발전은 전력회사 최초로 2004년 6MW 규모의 제주 한경풍력 1단계 설치·운영을 시작으로 현재 총 63MW를 운영중에 있다.

특히 열악한 국내 풍력산업을 육성해 트랙 레코드 확보를 통한 해외진출 기반을 조성하기 위해 '국산풍력 100기 프로젝트'를 진행, 지난 5월 순수 국산풍력 1호단지인 태백풍력(18MW)을 준공했으며, 2호단지 창죽풍력(16WM)을 11월경에 준공 예정이며, 2014년까지 평창(30MW), 무주(24MW), 정선(40MW), 김천(20MW) 등에 건설할 계획이다.

또 해상풍력을 제2의 조선산업으로 육성하기 위해 2014년까지 제주 대정해상풍력 1단계 84MW 건설을 시작으로 2016년까지 단위기 세계 최대 용량인 7MW급을 채택, 200Mw급 해상풍력발전단지 준공을 목표로 건설을 추진중에 있다. 윤우식 기자

있는 경쟁력이 있어야 한다는 것이다.

적합한 입지 조건을 내륙에서 찾으면 있을 수도 있겠지만 대규모의 태양광발전이나 풍력발전이 가능한 지역은 이제는 없다. 해상풍력으로 돌파구를 모색하고 있지만 해상 역시 무한정 육지와

떨어져서는 발전된 전기를 육지까지 보내는 동안 손실이 생기기 때문에 이도 여의치 못하다. 또한 해로, 어장 수심 등의 요건을 모두 고려하면 육상에 설치하는 것만큼 까다로운 게 현실이다(전기 에너지뉴스 신문 기사 참조).

예를 들어, 유럽에서는 이미 대규모의 해상풍력 발전단지가 조성되어 거기에서 풍력발전기가 돌아간다. 이성적으로 볼 때 만일 우리가 대규모 해상풍력 발전단지를 조성하겠다고 한다면 우리의 기술로 제작된 풍력발전기를 설치하려고 기술 개발에 재원과 시간, 노력을 투입하는 것이 타당하다고 말할 수 없다.

이는 어찌 보면 그런 기술을 개발하는 데 들어간 노력을 해당 기업이나 연구소가 회수하려고 할 것이 뻔하기 때문이다. 정부에서 국책연구사업과 같은 형태로 끊임없이 이런 분야를 지원하고 있는 것도 해당 사업을 정리한다고 했을 때 생길 문제를 더 키워놓는 꼴이 되기도 한다.

현재 운영 중인 해상풍력 발전단지에 사용된 터빈 제조사를 보면 지멘스Siemens와 베스타스Vestas가 양분하고 있는 것을 알 수 있다. (표 3-19 참조)

이런 주장에 대해 "그럼 독자적인 기술개발을 하지 말고 외국 기술에 종속되어야 하느냐?"라고 반문할 수 있겠다. 하지만, 다행히도 신재생에너지 산업에서는 해당 에너지원별로 국제적인 메이저급 기업들이 존재한다. 한 곳이 아니면 다른 곳을 쓰면 된다.

〈표 3-19〉 우수 해상풍력발전 단지

순위	해상풍력발전 단지	용량(MW)	터빈 제조사	공식준공
1	Greater Gabbard	504	Siemens	2012
2	Walney(phases 1&2)	367.2	Siemens	2011 (Phase1) 2012 (Phase 2)
3	SheringhamShoal	315	Siemens	2012
4	Thanet	300	Vestas	2010
5	ThorntonbankPhases 1&2	215	Repower	2012
6	Horns Rev II	209	Siemens	2009
7	Rødsandll	207	Siemens	2010
8	Chenjiagang(Jiangsu) Xiangshui	201	·	2010
9	Lynn and Inner Dowsing	194	Siemens	2008
10	Robin Rigg(SolwayFirth)	180	Vestas	2010

출처: 위키피디아

이들 기업도 자사 제품을 팔고 싶어 전 세계를 누비고 다닌다. 같은 상황은 일반 화력발전에도 이미 오래전부터 있었다.

전 세계적으로 화력발전소의 발전기 시장은 독일의 지멘스와 미국의 GE가 양분하고 있다고 해도 과언이 아니다. 여기에 신흥 업체들이 실적을 쌓아가고 있다. 화력발전소를 건설하고 싶어서 이들 두 회사에 물어보면 설비의 가격도 비슷하고 기술 수준도 거의 비슷하다. 발전기 제작 기술을 확보하지 못했다고 해서 발전 자체가 불가능한 것은 아니므로 이 신재생에너지 산업을 보는 시각도 그렇게 나눌 필요가 있다. 발전사업이 주인지 발전 관련 기술확보가 주인지에 따라 관점의 차이가 있다.

당장 돈이 될 것처럼 보인다고 무작정 수주부터 하고 나서 능력이 부족하면 정부에 졸라보겠다고 하는 그런 주먹구구식 발상은 더 이상 통하지 않을 것 같다. 풍력발전을 하고 태양광발전을 하는 것과 해당 설비나 재료를 제조하는 것과는 많은 차이가 있다. 발전사업자로서는 싸고 신뢰성 있는 제품을 사용하는 게 당연하다. 국산기술 애용과 같은 이유로 덜 검증되고 단가도 만만치 않은 제품을 울며 겨자 먹기로 썼다가 나중에 더 큰 손해를 볼 수도 있기 때문이다.

신재생에너지 산업은 화석에너지의 대체재가 아니라, 독립된 산업으로 육성되어야 한다. 이는 국가의 차세대 신성장 동력으로서 신재생에너지 분야의 산업화가 의미 있다는 말이다. 우리나라는 과거 중화학, 조선, 정보통신, 디스플레이 등을 국가 주력 산업군으로 육성하면서 성장해왔다. 신재생에너지는 다음 세대의 성장동력이 될 가능성을 지닌 산업군이다.

시간이 지날수록 화석연료는 줄어들고 원자력에 대한 우려 또한 커질 것이다. 이런 분위기에서 눈앞의 숙제들이 사라지면 반드시 각광을 받을 산업이 신재생에너지 산업이다. 신재생에너지 산업은 분명히 부침을 반복하겠지만 성장은 시간문제일 뿐이다. 어떤 분야를 선정할 것이냐에 따라 향후에 각광받는 시점이 올

것이고 그때가 되면 한국이 유일하게 기술을 보유하고 있는 나라
가 될 수도 있다. 그러니 지금이 분명히 기회다.

　제도의 보완 및 개선과 선택과 집중에 따라 핵심 에너지원을
선정하고 범부처 간에도 조율된 재원 배분을 통해 매진한다면 짧
은 기간에 의미 있는 결실을 볼 수 있을 것이다.

We never know the worth of water till the well is dry. -Thomas Fuller, Gnomologia, 1732

The activist is not the man who says the river is dirty. The activist is the man who cleans up the river. -Ross Perot

Water flows uphill towards money. -Anonymous, saying in the American West, quoted by Ivan Doig in Marc Reisner, Cadillac Desert, 1986

4

석유산업 앞지를 블루골드, 물산업

"Water is the driver of Nature."

Leonardo da Vinci

1 에너지는 대체에너지가 있지만 물은 대체 물이 없다

고대부터 치수治水사업은 군주의 정치력과 통치 성과를 나타내는 좋은 지표였다. 논농사가 생활의 근본이었으니 물을 공급하기 위한 활동이 당연히 군주에게 최우선 하는 일일 수밖에 없었다. 그래서 제방을 쌓아서 물난리를 막고, 또 저수지를 만들어 물을 저장하여 이를 농토에 공급하는 일은 농경문화가 정착하기 시작한 8,000년 전부터 매우 중요한 일이었다.

최근의 UN 보고서에 의하면 지난 70년간 물의 필요성이 6배 증가했다고 한다. 아울러 지난 20세기가 석유를 얻으려고 싸운 세기였다면 21세기는 물을 얻으려고 싸우는 시기가 될 것이라고 한다.

"에너지는 대체에너지가 있지만 물은 대체 물이 없다."

이 말은 물을 보는 가장 절박한 시각을 드러낸다. 하지만 일반적으로 물은 하늘에서 그냥 내려준다는 이유로 공기와 같이 원하면 언제든지 구할 수 있는 것으로 인식된다. 아무리 중요하다고 외쳐봐야 정말 부족해져서 생활이 불편해지기 전까지는 인식을 바꿀 수가 없다. 수재水災를 당해본 사람은 알겠지만 물난리가 났을 때 가장 필요하고 부족한 게 바로 물이다.

물은 오래전부터 부족 간, 국가 간 갈등의 원인이었다. 현재 물 때문에 싸우고 있는 곳만도 전 세계에서 10여 군데가 넘는다(아프리카의 수단, 잠비아 등과 시리아 같은 중동국가들이 그렇다). 심지어 라이벌rival이라는 단어의 라틴어원이 '같은 강을 이용하는 사람들' 또는 '강을 사이에 두고 있는 사람들'이라는 것을 보면 물을 둘러싼 갈등은 아주 오래전부터 있었던 모양이다.

물에 무슨 시장이 있고 물산업이라는 단어 자체가 맞는 말이냐고 반문하는 사람들도 있지만 더 이상 물은 그냥 하늘에서 떨어지는, 고맙지만 고마움을 표현하지 않아도 되는 당연한 것이 아니다. UN 통계에 의하면 물이 부족해 고통받거나 불편을 겪는 사람들이 전 세계 인구의 67%나 된다. (표 4-1 참조)

우리나라의 연평균 강수량은 1,200mm로 900mm에 미치지 못하는 세계 평균에 비하면 높지만, 이렇게 내린 비의 혜택을 1인당으로 계산하면 인구밀도가 높아서 세계 1인당 연평균 강수량의 8

부족 정도	정의	인구
물 결핍(Water scarcity)	1인당 연간 물 가용량 1,000m^3 이하	7.8%
물 스트레스(Water stress)	1인당 연간 물 가용량 1,000~1,699m^3	24.5%
물 부족(Insufficient water)	1인당 연간 물 가용량 1,700~2,999m^3	34.7%
상대적 풍부 (Relatively sufficient)	1인당 연간 물 가용량 3,000~9,999m^3	16.7%
풍부(Plentiful supply)	1인당 연간 물 가용량 10,000m^3 이상	16.3%

출처: UNEP(유엔환경계획)

분의 1에 불과하다(우리나라의 1인당 연 강수량은 2,591m^3, 세계 1인당 연평균은 19,635m^{3}이다).

더군다나 강수량은 하절기에 몰려 있고 그 또한 집중호우인 탓에 물을 관리하는 일이 쉽지 않다. 하루에 200mm가 왔다거나 심지어 300mm가 넘게 비가 왔다는 뉴스를 접하면, 단순하게 비가 많이 왔다는 소회를 넘어 1년 치 비의 4분의 1이 하루에 왔다는 사실에 걱정스럽기까지 하다. 이런 집중호우는 갈수록 늘고 있어서 이에 대한 대비 역시 필요한 시점이다. (표 4-2 참조)

공급 측면의 제한과는 달리 물에 대한 수요는 지속적으로 늘고 있다. 먼저 인구의 증가는 절대수요의 증가를 야기하는 피치 못할 변수다. 현재 약 70억 명인 세계 인구는 매년 8,000만 명씩 증가하여 2025년 이전에 80억 명을 넘어설 것으로 추정된다. 이

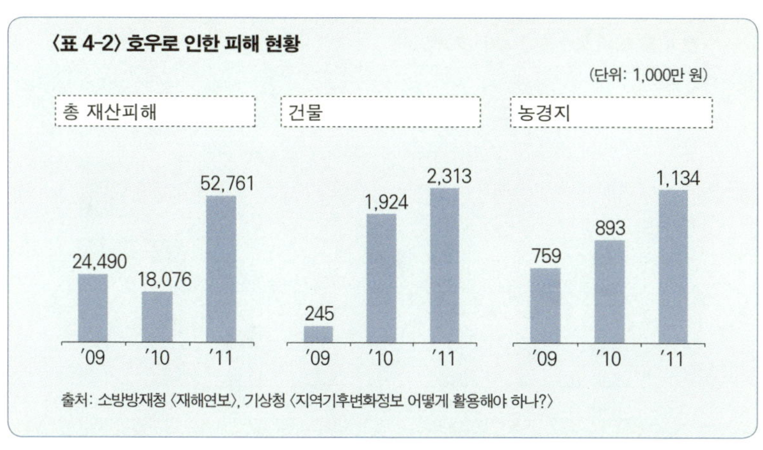

는 연평균 물 2,000리터를 소비하는 사람의 수가 10억 명 증가하여, 물수요는 다른 모든 요소를 제외하고라도 20억m³가 늘어난다는 의미이다. 또한 뒤에서 살펴보겠지만 가상수virtual water의 개념에서 볼 때, 개발도상국의 경제수준 향상엔 물사용량의 증가가 필수적으로 동반된다. 육류 위주의 식사를 하는 미국인 한 명은 하루에 5,400리터의 가상수를 소비하는 반면, 채식주의자 한 명은 2,600리터를 소비한다. 저개발국 주민이 쌀만 소비하지 않고 고기까지 곁들여 먹게 되면 물소비량은 최소한 10배 이상 증가하게 된다(에릭 오르세나《물의 미래》참조. 환경단체 워터풋프린트 네트워크에 의하면 소고기 1kg을 생산하려면 물 1만 5,400리터가 필요한 데 반해 쌀 1kg을 생산하려면 2,500리터의 물이 필요하다). (표 4-3 참조)

또한 적정하지 않은 물값도 물소비를 부추기는 데 한몫하

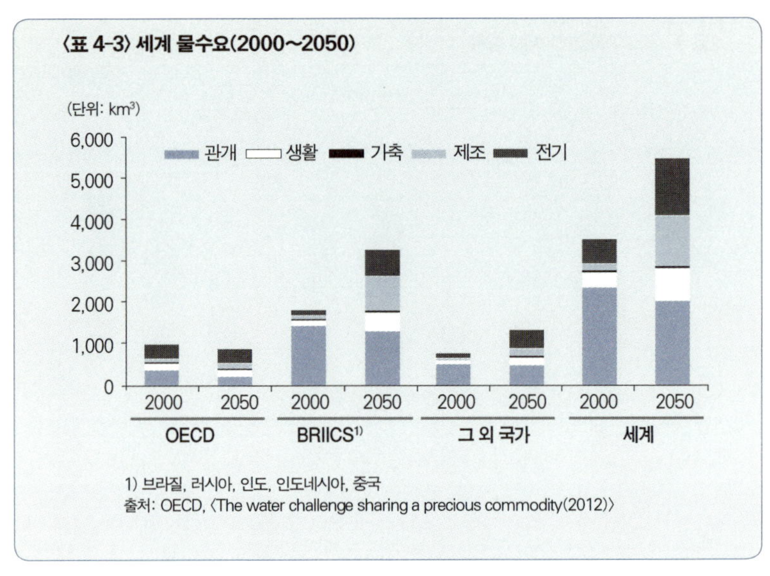

고 있다. 현재의 물값은 다른 생필품과 비교하여 매우 저렴하다. 영국의 물 전문 조사기관인 글로벌워터인텔리전스Grobal Water Intelligence(GWI)의 조사 결과에 의하면 한 사람이 하루에 필요한 물의 양이 대략 2.4리터라고 할 때, 이것의 비용은 평균 0.003달러(약 3.26원)이다. 이에 반해 같은 사람이 생존을 위해 필요한 칼로리는 하루에 2,500Kcal이고, 이를 섭취하려면 적어도 5달러가 든다. 우리나라는 이보다 물값이 더 싼데 그런 탓에 물사용량이 선진국보다 훨씬 많다. 최근 논란이 되고 있는 전기요금과 마찬가지로 수도요금도 생산원가를 보전하지 못하고 있는데(요금 현실화율이 100% 즉, 수도요금 = 생산원가를 넘는 지자체는 어디에도 없다) 생

산원가 대비 수도요금 부족분은 국민의 세금으로 메꾸고 있다. 결국 싼 물값이 물 소비자의 낭비를 조장하는 동시에 물 부족 현상을 심화하고 있는 셈이다. (표 4-4, 표 4-5 참조)

결국 대체 물이 없는 상황에서 (즉 절대량이 제한된 상황에서) 공급

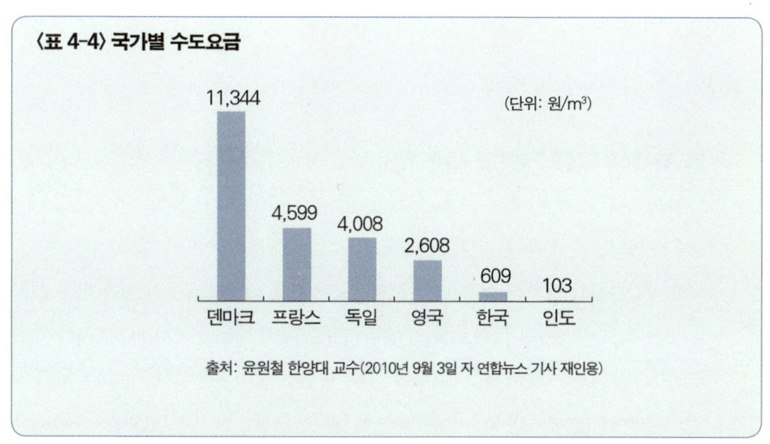

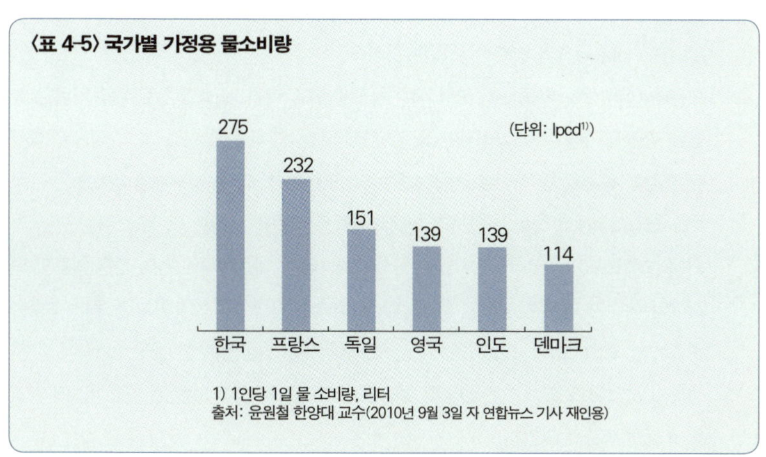

의 지역성 및 계절성이라는 제약조건과 지속적인 수요의 증가가 무엇을 의미하겠는가? 현재 우리는 물 문제에 대한 고민과 그에 대한 대안 마련이 절실하다.

물 부족에 대한 기업의 대응방안

향후 예견되는 물 부족 환경은 물산업에 종사하는 기업뿐만 아니라 일반 기업에도 중요한 사업환경의 변화 요소이다. 물 관련 환경변화에 대응해 일반 기업은 어떤 전략을 가져야 할 것인가에 관해 글로벌 전략 컨설팅 회사 아서디리틀Arthur D. Little에서 발간하는 잡지 프리즘Prism의 2012년 1월호에 실린 글을 살펴보자. 이 글은 요셉 플레이스Joseph Place, 파올로 두토Paolo R. Dutto, 발레리아 카술라Valeria Casula가 쓴 〈사업전략의 근간에 물을 고려해야 한다Putting water in the mainstream of your business strategy〉의 일부를 편집한 것이다.

모든 기업은 물을 사용하며 또한 폐수를 배출한다. 카길Cargill과 같은 곡물기업은 작물을 위한 관개용수로, 화이자Pfizer 같은 제약회사와 네슬레Nestle 등의 식음료 회사는 제품의 원재료 중 하나로 물을 사용한다. 조립제품, 화학, 자원채굴 업체들은 공정수process water로 물을 사용하며 발전회사들은 터빈을 돌리는 데 물을 사용한다. 과거에 물의 조달과 처리 문제는 일부 물사용량이 많은 업종이나 오염이 심한 업종의 회사에만 이슈가 되는 제한적인 문제였다. 그러나 인구증가와 기후변화로 물이 부족한 환경에서, 또한 그 양상이 지역과 시간에 따라 매우 다양하게 전개되는 상황에서, 자신들의 사업에서 물이 갖는 전략적 의미를 잘 이해하는 것이 모든 1, 2차 산업의 기업에 중요한 과제가 되었다.

물과 관련된 전략을 수립할 때에는 4단계의 물전략 수립 틀framework을 참고하는 것이 바람직하다.

1단계 : 물 관련 이슈의 우선순위 선정

– 기업이 위치한 가치사슬에서 물의 역할에 대한 이해

– 물과 관련된 기회 · 위험을 규명, 우선순위 결정

2단계 : 운영 최적화

– 물 효율화 프로그램 개발

– 새로운 설비투자 시 물의 사용을 최적화하고 재이용을 증가시키도록 설계
('design to water' 설계)

3단계 : 가치사슬 전반으로 확장

– 물 관련 위험의 경감 필요성을 공급자들과 공유

– 입지 결정 시 물 관련 위험의 최소화를 고려하여 결정

4단계 : 물 관련 차별화 구축

– 물 지속가능성에 대한 고객 요구에 대응

– 물의 효율적 사용을 상품 · 서비스의 일부로 가치제안

물을 전략적으로 이용하거나 물에 대한 전략을 수립하면 기업은 운영효율화Operation efficiency와 원가 절감을 기대할 수 있다. 또한 물수요부터 규제요건 충족까지 물과 관련된 단 · 중기 위험을 줄일 수 있어, 결국 기업의 장기 지속가능성을 증가시키는 효과를 가져온다.

2 세계 물시장 현황

물시장에 관한 정의는 사람마다 다르지만 전 세계 물시장의 규모는 2025년경에는 약 900조 원이 넘을 것으로 전망한다. 전 세계 반도체 시장의 규모를 대략 300조 원으로 보고 있으니 반도체 시장의 3배에 해당하는 시장이 될 것이다. (표 4-6 참조)

물시장은 수요처에 따라 또는 가치사슬의 단계에 따라 분류할 수 있다. 먼저 수요처가 지방정부 같은 관이냐 아니면 민간기업이냐에 따라 지자체Municipal와 산업체Industrial로 나누어 볼 수 있다. 글로벌워터인텔리전스의 보고서에 의하면 2010년의 전 세계 물시장 규모 4,000억 달러 중 지자체와 산업체 대상 시장의 규모는 3,730억 달러와 270억 달러를 차지한다. 또한 일반적인 산업의 가치사슬 단계에 따라 물산업도 제조(또는 부품 · 설비 Component · Equipment)와 건축 · 설계(EPC Engineering · Procurement · Construction), 운영서비스(O&M Operation & Maintenance)의 세 가지 분야로 나눌 수 있다. 이 중 가장 일반적인 것이 서비스 시장으로 우리가 가장 많이 이용하는 상수도와 하수도의 운영과 관리를 하는 사업이다. 대략 전체 시장의 40%를 차지하는 것으로 추산된다. 그다음은 이런 서비스에 필요한 시설을 건설하는 플랜트 관련 엔지니어링과 시공으로 20%를 차지한다. 여기에는 상수와 관련하여 취수장과 정수장 및 관망이, 하수와 관련해서는 하수관과 하수처리장의 엔지니어링, 시공이 포함된다. 마지막 40%는 수처리 등에 필요한 기계와 소모품을 공급하는 시장이다. 여

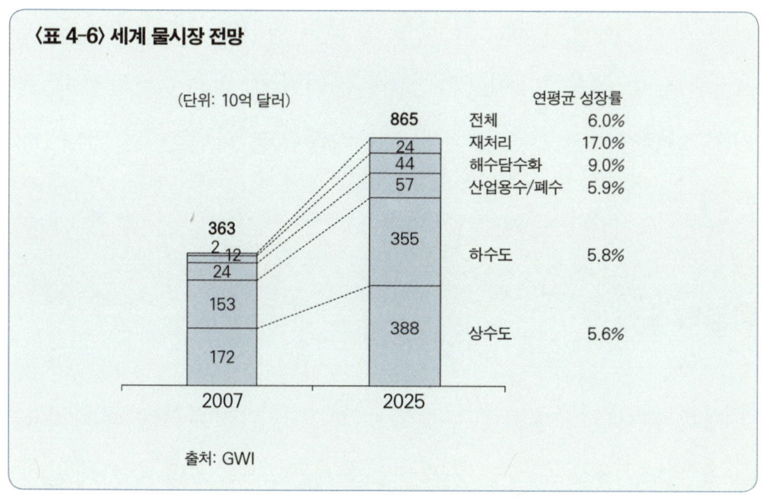

〈표 4-6〉 세계 물시장 전망

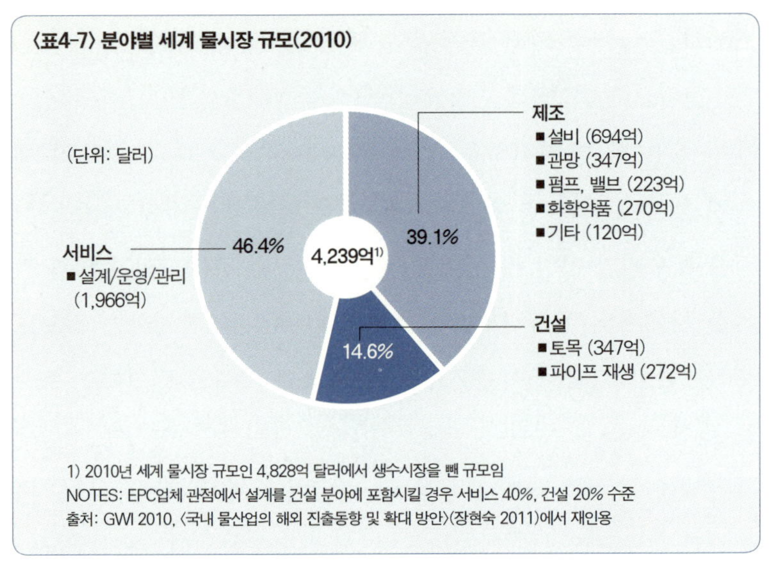

기에는 산업용 공정수와 오·폐수 처리 및 담수화 관련 필터 등 관련 부품 및 장비 제조가 모두 포함된다. 이는 다시 파이프, 펌프, 밸브 등 이송 및 인프라 설비, 분리장치, 파괴·소독장치, 슬러지 처리장치 등 수처리 설비와 약품류로 나눠볼 수 있다. (표 4-7 참조)

환경의 도전

세계 물시장의 변화를 주도하는 환경적 요인은 서론에서 언급한 물 부족 현상 외에도 기후변화와 개도국의 개발 증가에 따른 수질의 악화 문제, 물의 안보 문제 등이다. 기후변화는 해수면 온도를 상승시킬 뿐만 아니라 하천·호소수湖沼水를 수증기로 증발시키는가 하면 국지적인 기후의 가혹화 현상을 심화시킨다. 이에 따라 폭우와 가뭄 등 기후의 극단적인 현상이 빈번해지고 있는데 둘 다 물의 양과 질을 악화시킨다. 물 부족과 수질의 악화, 국지적인 기후조건의 변화 외에도 일부 국가들을 위협하는 것이 물 안보 문제이다. 갈릴리 호수를 여러 아랍국가와 공유하고 있는 이스라엘과 자체적인 수자원으로는 물수요를 충당할 수 없어 말레이시아 등으로부터 물을 수입하는 싱가포르가 대표적인 사례이다. 이들로서는 수자원의 독립이야말로 국가의 존립을 좌우하는 것이고, 이를 위한 여러 시도(예를 들어 해수담수화나 하수재이용 등)가 물산업 전체에 영향을 미치고 있다.

🌢 이스라엘 및 싱가포르 사례

이스라엘은 국토의 3분의 2가 건조지역이고 연평균 강수량은 435mm로 세계 평균(800mm)의 절반이며 1인당 가용 수자원은 243m³이다. 연간 사용할 수 있는 수자원의 40%를 갈릴리 호수에서 공급받으며 이곳의 물은 이스라엘 외에 요르단, 팔레스타인 등도 공유한다. '국가 수자원 수송시설National Water Carrier'이라고 불리는 운하, 터널, 파이프, 저류지 구축 프로그램과 해수담수화 프로젝트(8억m³ 규모의 담수 플랜트 구축)를 통해 물 부족 현상을 해소하려고 노력 중이다.

싱가포르는 1인당 연평균 가용 수자원이 130m³에 불과해 세계적인 물 부족 국가이다(1인당 연간 가용 수자원이 1,000m³ 미만인 경우, 물 부족 국가로 분류한다). 말레이시아로부터 국내 물수요의 80%를 수입(원수와 정수 각 50%)하고 있으나 물 공급가격의 100배 인상이 예상되어 독자적인 자구책을 마련 중이다. 저수지를 추가 개발해서 물의 저장을 늘리고, 물 수입계약이 만료되는 2061년까지 100% 자가공급을 이루기 위해, 현재 물수요의 30%를 충당하는 재이용률을 2060년까지 50%로 늘리고, 해수담수화의 비중을 늘려 2060년까지 물수요의 30%를 공급하겠다는 계획을 세우고 있다.

세계 물시장의 변화 동인

새로운 분야의 부상

물 부족이라고 하면 사용할 물이 절대적으로 부족하다는 것만을 의미하는 것이 아니라, 적재적소에 목적에 맞는 물(음용수 또는 농업용수 등)이 존재하지 않는 것을 말한다. 글로벌워터인텔리전스에 의하면 이러한 물 부족 현상에 대응하는 방안은 크게 네 가지가 있다.

먼저 물을 더 많이 저장하고 물을 아끼는 기술을 활용하는 등 물사용의 효율성을 개선하는 방법과 운하나 파이프라인을 건설하여 더 먼 곳의 수원으로부터 물을 공급받는 방법이 있다. 또 최근 4대강 사업의 효용성 논란에서 중요한 효익의 하나로 주장되고 있는 저장능력의 향상, 즉 댐이나 저수지 등 물의 저장능력을 향상시키는 것이 또 하나의 방법이다. 마지막은 수질이 떨어지는 물, 즉 해수나 하수 등을 재처리하여 사용하는 방법이다. 소비자의 물사용 습관을 바꿔야 하는 첫 번째 방법이나 근본적으로 양질의 수원이 가용한 범위 내에 존재해야 하는 두 번째, 세 번째 방법 외에 최근 급속히 주목받고 있는 분야가 해수담수화desalination와 하수재이용reuse 분야이다. (표 4-8 참조)

해수담수화는 에너지를 너무 많이 잡아먹어서 비경제적이며, 염수 등 부산물이 생기는 바람에 주변 생태계를 위협하는 단점이

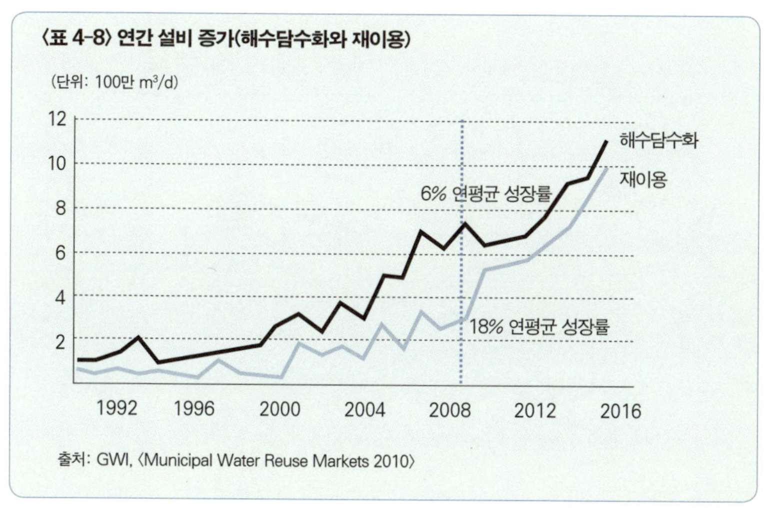

있어 과거에는 그 적용이 제한적이었다. 그러나 최근, 과거에 주로 이용되던 증발법distillation 대신 RO Reverse Osmosis(역삼투압) 멤브레인membrane 방법이 적용되면서 해수담수화 설비투자가 증가하고 있다. RO를 이용한 해수담수화는 에너지 소요량, 초기 투자비, 유입원수 필요량 등이 증발법보다 모두 적어 해수담수화의 경제성 향상에 기여하고 있다. (표 4-9 참조)

해수담수화가 대규모 플랜트(일 1만m³ 이상)를 중심으로 확산되고 있는 가운데 이에 대한 보완적인 물공급원의 하나로 재이용 시설이 크게 늘고 있다. 재이용은 전체적인 물사용의 효율성을 제고하는 한편 수자원의 공급과 오염수의 처리를 동시에 해

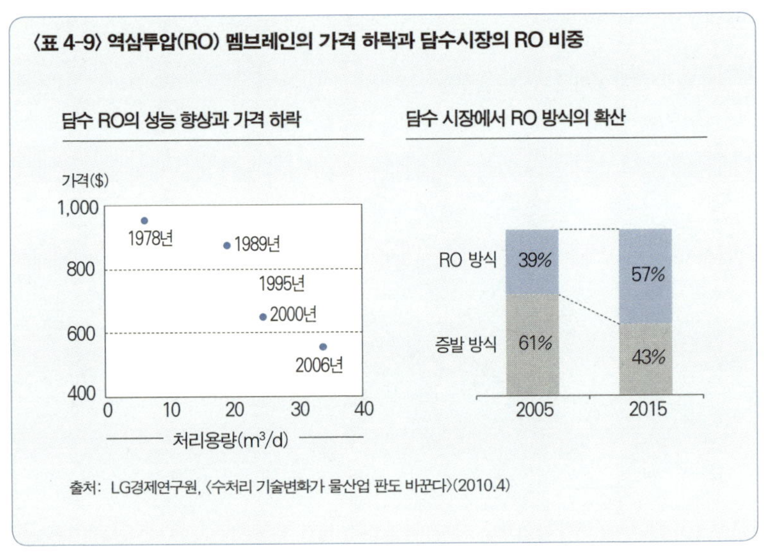

결한다는 측면에서 주목받고 있다. 재이용은 최종 산출수의 사용목적에 따라 처리 프로세스를 조합할 수 있다. 과거에는 재이용수를 주로 농업용수로만 사용했지만 최근에는 정밀여과micro filtration(MF), 한외여과ultra filtration(UF) 등 멤브레인과 RO를 조합한 삼차 처리tertiary treatment가 일반화되면서 산업용수, 생활용수로도 사용이 증가하고 있다.

과거에는 이차 처리secondary treatment 이하의 재이용수를 농업용수에 사용하여 농업용수로 깨끗한 물을 원하는 수요를 줄이고, 줄어든 깨끗한 물수요를 도시로 이전하는 것이 일반적인 재이용 모델이었다(표 4-10 하폐수 재이용의 논리 참조). 그러나 재이용수를 공급하여도 농업용수에 대한 수요가 줄어들지 않음에 따라 재이용수 수질을 개선하여 산업용수와 생활용수 등 도시의 수요를 직접 충족시키는 방향으로 사업이 전개되고 있다(표 4-10 하폐수 재이용의 실제 효과 참조).

민간사업자의 역할 증대

물 부족과 수질악화 현상이 심화되면서 기존의 시설로는 소비자들이 원하는 수질과 양을 산출할 수 없는 환경이 되었다. 따라서 기존 시설의 보수와 신규 설비에 대한 투자는 물론 좀 더 높은 수준의 수처리 기술과 역량이 필요해졌다. 하지만 물을 둘러싼 외부 상황은 좋지 않다. 2008년 국제 금융위기 이후 가장 많이 회자되는 단어 중 하나는 정부재정 적자일 것이다. 정부의 재정이 기록적인 적자를 내고 있는 상황에서 물 관련 인프라에 투자 필요성이 증가하는 것은 무엇을 의미하는가? 바로 민간 분야의 투

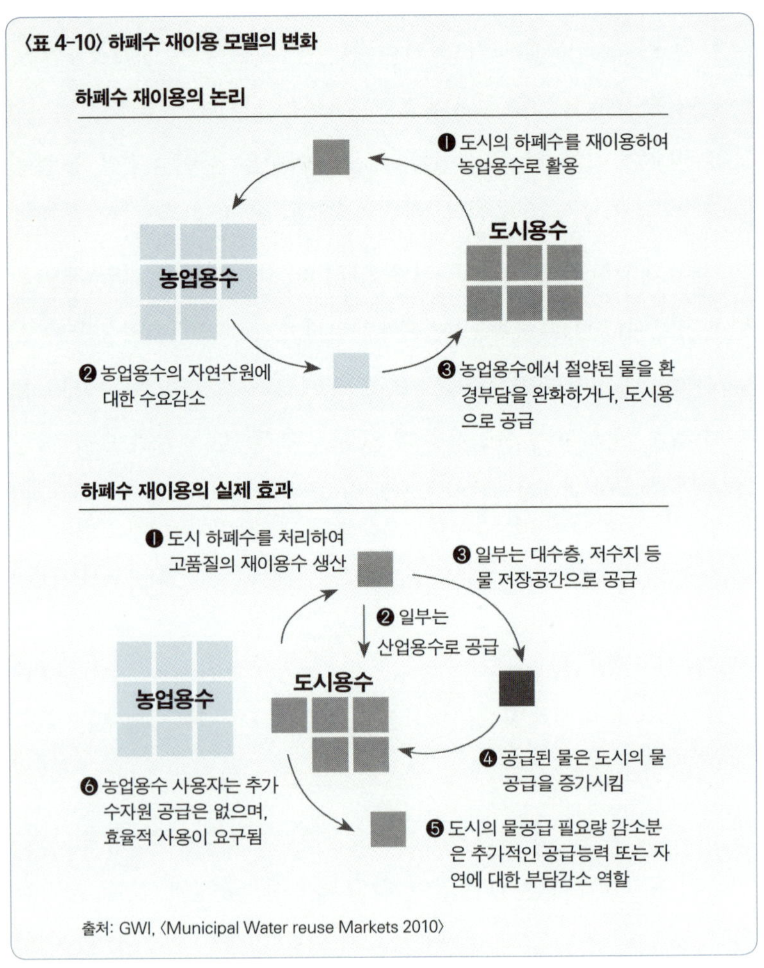

자여력에 대한 기대이며, 투자와 함께 민간이 보유한 수처리 관련 전문지식이야말로 민간기업이 물산업에 기여할 수 있는 핵심적인 역량이다. (표 4-11 참조)

💧 재정 적자 감소를 위해 민간참여를 시도하고 있는 일본

일본 정부는 2011년 3월, '민간자금을 활용하여 공공시설 정비 촉진에 관한 법률(PFI법)의 일부를 개정하는 법률안'을 각의 결정했다. 상·하수도 사업 등 14개 분야를 대상으로 사업운영권을 민간에 매각해 경영을 위탁하는 컨세션concession 방식을 도입하거나 중앙정부 및 지방 공공단체의 직원을 민간에 파견할 수 있게 했다.

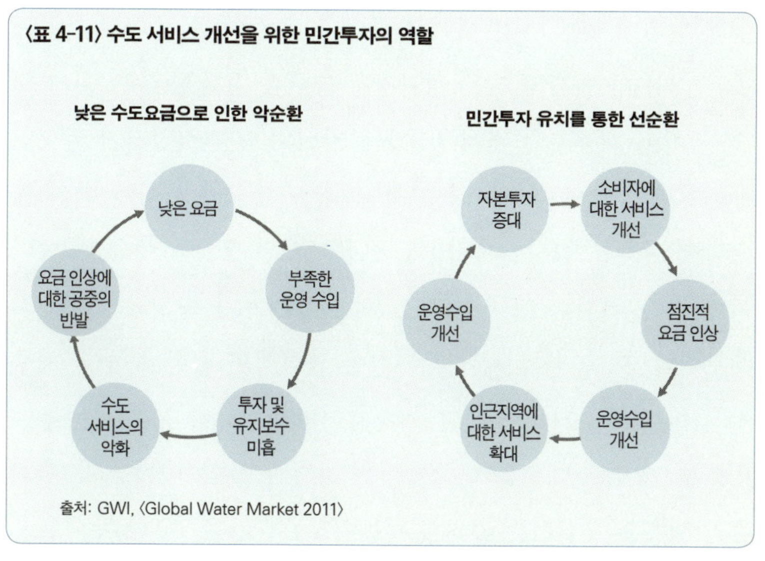

과거 물은 인간의 생존을 위한 필수재이며 따라서 이익을 목적으로 제공되어서는 안 된다는 주장이 설득력을 얻었다. 또한 엔론Enron 사례와 같이 유틸리티utility 사업의 민영화는 실패할 수밖에 없으며 이는 소비자의 부담으로 귀결될 것이라는 주장이 널리 퍼져 있었다. 즉, 물을 가정까지 공급할 때, 비용의 대부분이 최종 파이프라인에서 발생하는 물사업의 속성상 경쟁이 어렵고, 고정비 비중이 매우 커서 진입장벽이 높기 때문에 시장 형성에 실패할 것이라는 주장이다. 또, 만약 민간이 참여하면 기존 인력을 대규모 구조조정할 것이므로 민간의 사업 참여는 시기상조라는 것이 반대하는 측의 주된 논리였다.

그러나 투자여력은 물론이고 민간이 가진 성과창출 역량과 기술적 위험에 관한 높은 관리 수준은 민간 참여를 증대해야 하는 주된 이유다. 민간의 높은 성과창출 능력은 효율성 측면 외에 고객-서비스 제공자의 관계에서도 드러난다. 민간사업자가 맡으면 공공기관이 담당할 때보다 고객-서비스 제공자 사이에 훨씬 높은 긴장관계를 형성할 수 있다. 공공기관은 정치적 이유 또는 이권에 따라 건전한 고객-서비스 제공자 관계가 형성되기 어렵기 때문이다. 또 공공기관은 그 속성상 위험회피 성향이 높다. 재무적 위험이 해소된 경우에만 (예를 들어 BOT, build operate transfer 모델 등) 새로운 기술을 받아들이는 경향이 있고, 이는 새로운 기술의 적용을 제한하는 결과를 낳는다. (표 4-12, 표 4-13 참조)

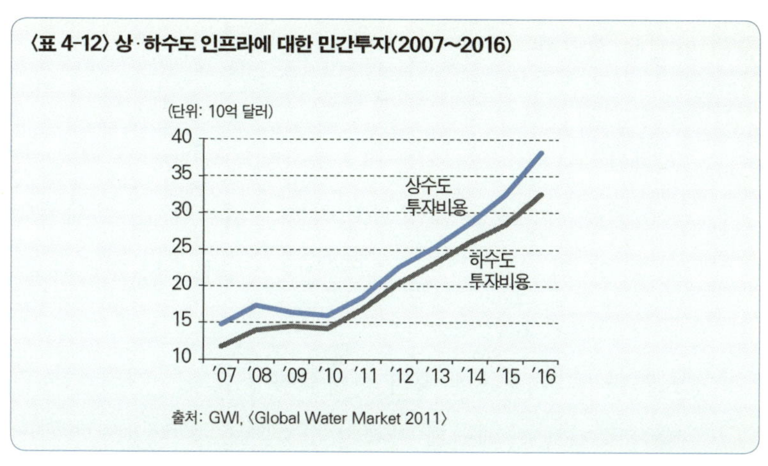

출처: GWI, 〈Global Water Market 2011〉

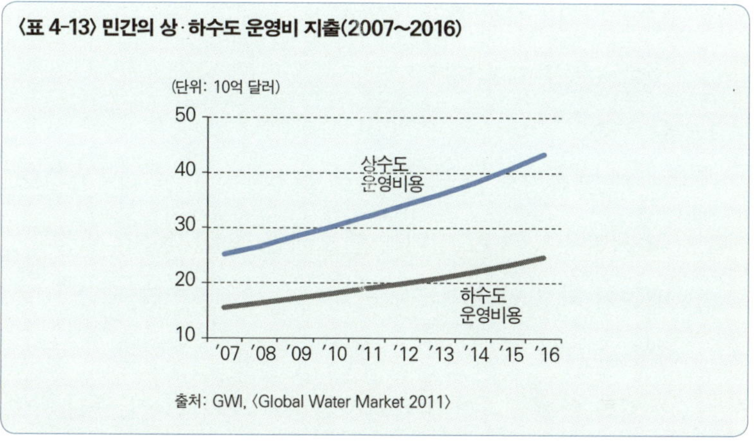

출처: GWI, 〈Global Water Market 2011〉

새로운 처리기술의 부상

물산업의 환경변화는 기술의 진보와 함께 수처리 관련 기술의 패러다임을 변화시키고 있다. 글로벌워터인텔리전스의 〈물 기술 시장 2010 Water Technology Market 2010〉을 참고해서 새로운 수처리 기술의 발전을 견인하는 주요 동인에 대해 살펴보자.

- **에너지**

  물산업은 에너지를 많이 소비하는 산업이다. 전 세계적으로 2~3%의 에너지가 산업용수 및 생활용수의 처리와 펌프 동력에 소요된다.

  도시화 및 물 부족에 따라 물산업에 소요되는 에너지 사용량이 증가하고, 에너지 가격이 상승함에 따라 에너지 저소모형 수처리시설 또는 폐수로부터 에너지를 회수하는 기술이 주목받고 있다.

- **물 부족**

  물 부족 환경은 해수담수화와 하수재이용 등 새로운 분야의 개발을 가져오고, 이는 멤브레인 등 신기술이 성장하는 배경이 되고 있다.

- **슬러지 처리**

  독일의 전기·가스 공급회사인 RWE에 의하면 중간 규모 하수처리장에서 전체 운영비용의 31%를 차지할 만큼 슬러지 처리 비용은 매우 큰 비중을 차지한다. 그리고 슬러지 처리에 관한 규정은 계속 강화되고 있다. 미국은 60%의 슬러지가 처리 후 비료로 사용되거나 매립장의 표피로 사용되고 나머지 40%만 매립하는데, 최근 일부 주를 중심으로 슬러지의 육상매립을 막자는 주장이 일고 있다.

■ 영양염nutrient과 오염물질

미국 환경보호국은 과도한 영양염류의 유입을 수질악화의 가장 중요한 원인으로 규정하고 있다. 이는 질소와 인을 한계치까지 증가시켜 하수처리장이 배출기준을 지키기 어렵게 하기도 한다. 또한 의약품으로 인한 하천의 오염도 점점 더 심각한 문제가 되고 있다. 보통 의약품의 구성물질 중 50~90%는 인체에 흡수되지 않고 배출되는데 이러한 물질들을 기존의 처리방식으로 처리할 수 있는지에 관해 문제제기가 늘고 있다.

환경 변화에 따른 새로운 처리 기술 패러다임 중 가장 중요한 것은 멤브레인에 의한 수처리 방식이다. 기존의 수처리 방식, 즉 화학적 처리에 의한 침전과 모래 여과에 의한 정수 방식은 100여 년의 역사를 가진 것으로 기술적 차별화 및 고급기술에 대한 요구가 크지 않았다. 그러나 필터의 미세한 구멍으로 오염물질을 걸러내는 멤브레인 방식의 기술은 표준화된 대량생산이 가능하고 안정적인 운영역량이 필수적이며 제품의 성능에 따라 차별화가 된다는 측면에서 기존의 수처리 방식 및 물산업의 구조를 뒤흔들만한 파괴력을 지닌다. 멤브레인 필터 방식의 정수기술은 이미 20여 년 전에 상용화되었으나 멤브레인의 높은 가격과 과도한

전기소모로 운영비용 부담이 높아 범용화되지 못하였다. 그러나 제조업체의 생산기술이 개선되면서 가격이 내리고 기존의 화학적 수처리 방식으로는 걸러지지 않는 미생물을 처리할 수 있다는 장점 덕분에 멤브레인 방식의 정수가 급속히 확산되고 있다. (표 4-14 참조)

💧 밀워키 수돗물 원생동물 오염 사례

1993년 미국 밀워키에서 크립토스포리디움Cryptosporidium과 지아르디아Giardia 등 원생동물에 감염된 수돗물 때문에 40만여 명이 감염되고 100여 명이 사망하는 사태가 발생하였다. 원생동물은 화학처리(염소 소독) 또는 전통적인 모래여과 방식으로는 쉽게 제거되지 않았는데, 물리적인 필터링이 가장 확실하고 안전한 방법으로 인식되면서 멤브레인에 의한 정수처리공법이 각광받게 되었다.

멤브레인 내에서도 해수담수화나 산업용 초순수ultrapure water의 생산을 위해 필수적인 RO 관련 기술의 개발이 활발히 이루어지고 있다. 그리고 RO의 전처리 공정 또는 하수재이용의 본처리 설비로 이용되는 정밀여과, 한외여과, 나노여과nano filtration(NF) 멤브레인의 사용도 확대되고 있다.

멤브레인 외에도 자외선, 오존 처리가 안전하고 사용하기 쉬우며 환경친화적이라는 면에서 기존의 화학적 처리를 부분적으로

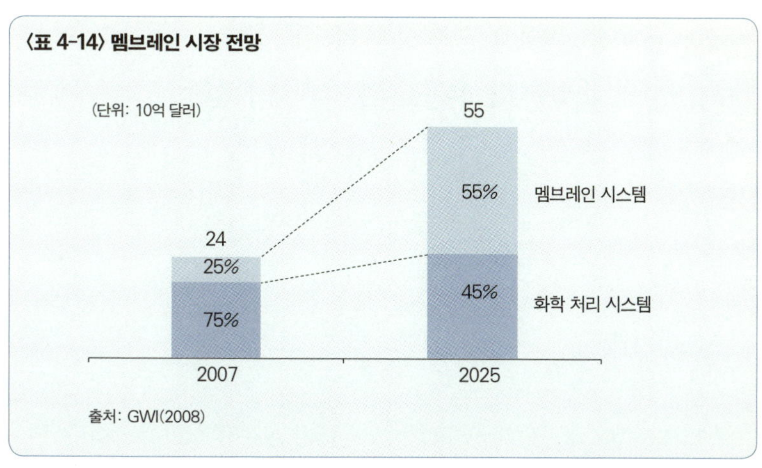

대체하고 있다. 이외에 정삼투압forward osmosis(역삼투압이 아니라 자연적인 삼투압을 이용한다는 면에서 에너지 사용량이 현저히 줄어든 방식이나, 삼투압을 유도하는 물질의 제거 등이 해결해야 할 기술적 과제이다) 등의 방법이 차세대 기술로 연구되고 있으며, 새로운 기술은 높은 효율성과 낮은 비용을 주요 목표로 삼고 있다.

3 우리나라의 물시장, 무엇이 문제인가?

우리나라의 물시장을 제품·서비스에 따라 분류하면 상수도가 5.1조 원, 하수도가 4.1조 원으로 전체 시장의 84%를 차지한다. 산업폐수처리 시장이 약 1조 원 규모이고 나머지가 생수, 정수기 시장이다. (표 4-15 참조)

환경부가 2007년 5월에 발표한 〈환경산업통계조사 보고서〉를 바탕으로 우리나라 물시장을 가치사슬의 단계에 따라 나누어 보자. 그러면 상·하수 관련 서비스업이 전체의 60%로 6.5조 원, 건설업이 20%로 2.1조 원을 차지하고 나머지가 관련 기기 및 제품과 관련된 시장으로 파악된다. 세계시장과 비교해보면 일부 제조 관련 가치사슬 단계가 서비스 부문에 포함된 것으로 추정할 수 있다.

하지만 이러한 물시장은 말 그대로 직접적인 물시장이다. 많은 사람이 간과하고 있는 또 다른 물시장이 있는데 그건 물류의 이동에 따라 같이 움직이는 물시장이다. 어떤 이는 이를 가상수라고 하여 물동량을 물의 흐름으로 추정하기도 한다.

얘기인즉, 쌀 한 톨을 키우기 위해서 대략 2.5리터의 물이 필요하고 쇠고기 1kg을 생산하는 데는 무려 1만 5,000여 리터가 필요하다. 400kg의 어른 소에서 200kg의 쇠고기가 나온다고 할 때 소 한 마리를 키우려면 사료 외에 무려 300만 리터의 물이 필요하다는 계산이다. 우리가 건강하게 살려면 하루에 물 2리터를 마시라

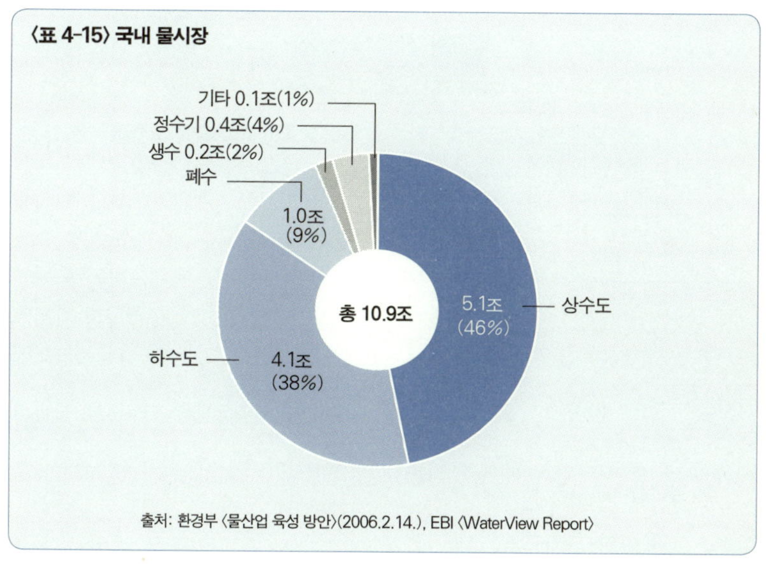

고 얘기하는데 이를 기준으로 보면 300만 리터는 성인 50명이 평생 마시는 양에 버금간다.

우리나라는 곡물자급률이 30%도 안 되는 세계 5위의 곡물수입국이다. 만약 우리가 수입하는 식량을 국내에서 제조했더라면 현재 설치된 관개용수보다도 훨씬 더 많은 물이 필요했을 것이다. 따라서 농업용수의 20~40%를 단순 관리 부실과 시설의 노후로 그냥 흘려보내고 있는 현실은 안타깝기 그지없다. 물은 우리의 생존과 직결된 문제임을 직시해야 할 것이다.

또한 우리나라의 전체 수자원 이용 현황을 보면 가용한 수자원

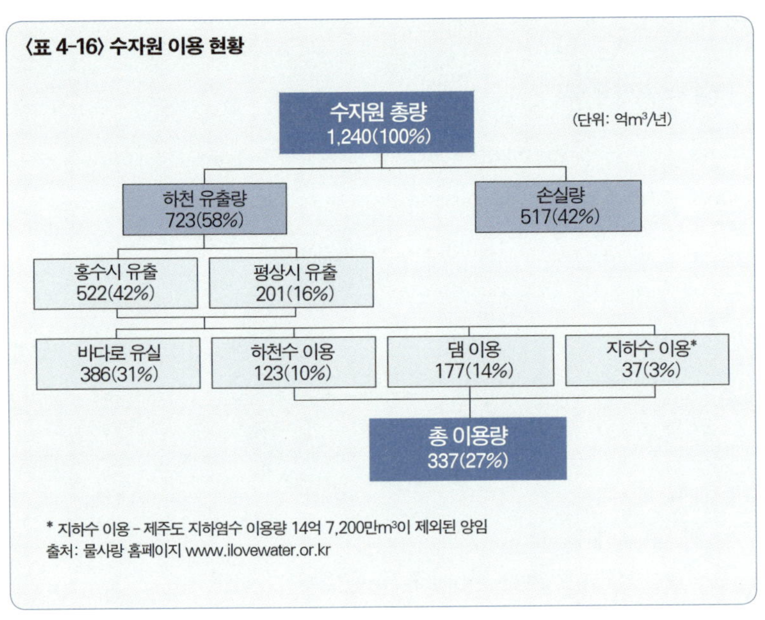

의 30%에 못 미치는 수준에서만 이용하고 있음을 알 수 있다. 물에 대한 좀 더 효율적인 관리가 필요한 시점이다. (표 4-16 참조)

농축산물을 얻는 데 어마어마한 양의 물이 필요한 것처럼 공산품 생산에도 당연히 물을 많이 쓴다. 우리가 농작물을 수입하면서 가상수를 많이 수입했다면 자동차, 반도체 등을 수출하면서 또 물을 수출하는 것이다. 이런 개념을 확장해 본다면 (연해주, 동남아시아, 아프리카 등) 해외에서 대규모 농장을 경작해서 그 수확의 일부 또는 전부를 국내로 들여오는 것도 넓은 의미의 물을 확보하는 것이라 할 수 있겠다.

물 부족이냐 풍족이냐는 궁극적으로 물을 얼마나 확보하느냐의 문제이기도 하지만 물을 얼마나 잘 이용하느냐의 문제이기도 하다. 일례로 중국에서는 철 1톤을 생산하기 위해서 $23\sim56m^3$의 물이 필요하지만 미국이나 일본은 $6m^3$이면 같은 양을 생산할 수 있다. 중국이 매년 8% 이상의 GDP 성장을 보이는 이면에는 효율성의 개선 없이 단순히 투입되는 자원의 소비가 8% 이상이라는 점과 물 같은 자원은 향후 심각한 고갈을 피할 수 없을지도 모른다는 우려가 있다.

만성 물 부족 국가라는 주홍글씨를 떼어내고 물 풍족 국가로 가는 길은 없는가? 물은 원래 부족한 것이니 없으면 없는 대로 쓰는 데 익숙해질 필요가 있을까? 물을 수출할 수는 없을까? 먼저 우리나라 물시장의 특징부터 살펴본다.

관 주도의 시장

　우리나라는 물산업 중 가장 중요한 역할을 하는 운영의 주체가
지자체이다. 각 지자체는 여건에 따라 직접 수돗물을 생산·공급
하거나 수자원공사가 광역 상수도를 통해 배수지 전단까지 공급
해주면 지자체가 배수지 이후 시설을 설치해서 수돗물을 공급하
고 요금을 징수한다. 좀 더 자세히 들여다보면, 수원의 관리 및 공
급은 광역과 지방으로 나뉘어 있는데 2개 이상의 지자체에 수도
를 공급하는 광역상수원은, 정책은 국토해양부가 맡고 운영 및
관리는 산하의 수자원공사가 맡는다. 지방이나 마을의 상수도는
정책은 환경부가, 건설 및 운영은 해당 지자체가 맡고 있다. 다만
일부 지자체는 운영의 효율성 측면에서 수자원공사에 운영을 위
탁하는 사례가 있다. (표 4-17 참조)

　한편 하수의 운영은 민간에 위탁해 운영하는 사례가 많은데 전
체의 26%를 민간기업에서 위탁운영하고 있으며 나머지는 지자
체에서 직접 운영하거나 공기업, 종업원 지주사에 위탁운영하고
있다. (표 4-18 참조)

영세사업자에 의한 시장 분할

　지자체가 운영을 맡다 보니 수도사업은 많은 영세사업자에 분

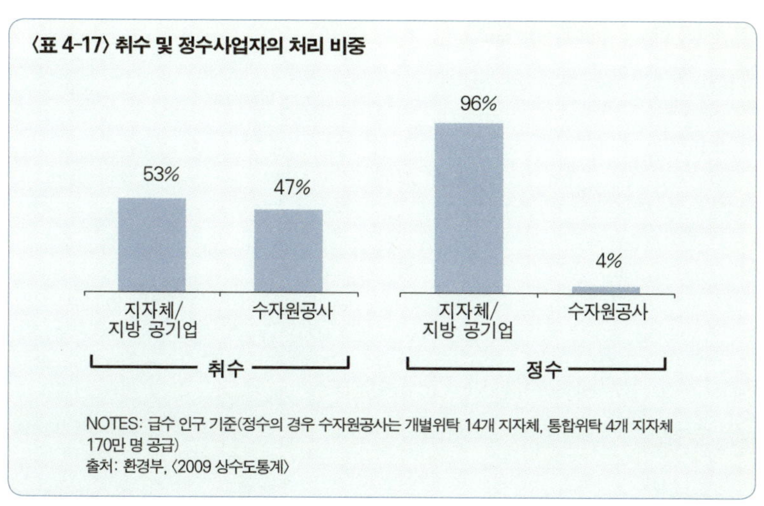

〈표 4-17〉 취수 및 정수사업자의 처리 비중

NOTES: 급수 인구 기준(정수의 경우 수자원공사는 개별위탁 14개 지자체, 통합위탁 4개 지자체 170만 명 공급)
출처: 환경부, 〈2009 상수도통계〉

〈표 4-18〉 하수처리장 운영 현황 (단위: 억원)

	운영비	비중
지자체 직영	2,726	43%
공기업	1,311	20%
종업원 지주사	676	11%
민간기업	1,668	26%

NOTES: 신설처리장, 500톤 미만 소형 처리장, 하수관거 및 펌프장 제외
출처: 환경부, 〈2007 하수도 통계〉

점된 특징을 가진다. 실제로 상수도 사업은 162개 지자체(기존의 164개에서 마산, 창원, 진해의 통합으로 162개가 되었다)가 개별적으로 해 나가고 있다. 이들 수도사업자 중에는 인구 30만 명 미만의 영세사업자가 전체의 80%인 130개에 달하며, 인구 15만 명 이하의

	전국	특·광역시	급수인구 15만 명 이상	급수인구 15만 명 이하
지자체 수	162개	7개	46개	109개
급수인구(%)	4,733만 명	2,324만 명(49%)	1,818만 명(38%)	533만 명(13%)
유수율	83%	93%	89%	78%

출처: 환경부, 〈2010 상수도 통계〉

사업자도 109개에 이른다. (표 4-19 참조)

지역 간 격차의 심화

지자체의 직영과 수도사업자의 영세성은 무엇을 의미할까? 이미 언급한 바와 같이 (낮은 수도요금에 비해) 높은 생산원가, 신규 및 재투자 여력이 미흡한 데 따른 시설 낙후 및 수도 서비스의 질 저하, 특·광역시 등 대규모 사업자와의 경제성과 서비스 수준의 격차 등 물의 부익부빈익빈 현상이다.

예를 들어 국민의 보건위생을 위한 보편적 복지에 해당하는 상수도의 보급률도 도시화의 정도에 따라 큰 격차를 보이는 것이 현실이다. 도시생활에 익숙한 사람들은 상수도 보급률을 논한다는 것 자체가 잘 이해되지 않겠지만 여전히 면 지역에서는 50%에 미치지 못하는 상수도 보급률을 보이는 것이 현실이다. 또한 수도사업의 경제성에 중요한 변수로 작용하는 유수율도 도시에

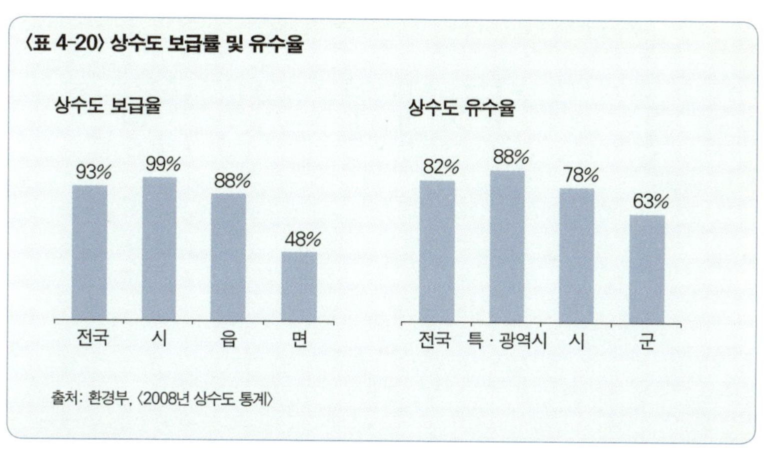

서 멀어질수록 현격하게 떨어지는 양상을 보인다. 군 단위 이하 지역에서는 수도사업의 만성적자로 서비스의 질이 현격하게 떨어지는 악순환을 겪고 있는데 그 중요 원인 중의 하나가 여기에 있다. (표 4-20 참조)

2009년, 환경부는 지역 간의 격차를 줄이려고 2020년까지 39개 지방상수도로 통합하는 방안을 마련하여 2010년 10월 녹색성장위원회를 통해 대통령께 보고했다. 그러나 통합을 위한 재원 및 인센티브의 부족, 통합센터 위치 등에 대한 지자체 간의 이견으로 실행은 만만치 않아 보인다.

4 물시장에 부는 새 바람

최근 물시장에 변화의 바람이 불고 있다. 인정하든 하지 않든 산업 구조의 고도화와 글로벌 트렌드로 변화는 시작되었다. 이 변화의 시사점을 잘 읽고 그 바람을 얼마나 잘 타느냐에 따라 향후 주도적인 사업자군에 포함될지가 결정될 것이다.

수처리 기술의 변화

향후 멤브레인의 사용비중 증가는 물산업의 기술적 진입장벽이 될 것이다. 과거의 수처리 방식으로는 지방정부와 긴밀한 협력관계를 맺은 현지 수처리 업체가 시장을 분점했다. 따라서 다수의 영세한 기업이 시장을 주도했다. 멤브레인 방식의 광범위한 적용은 제조 · 설치 · 운영 업체 모두에 도전이다. 제품의 품질은 물론 공정의 구성과 운영역량에 따라 운영비용의 차이가 크기 때문이다. 이에 표준화된 제품의 품질보증을 할 수 있는 안정된 기업 이미지와 재무적 안정성이 필수적으로 요구된다. 결국 멤브레인 방식 사업의 특성으로 보면 해당 업체의 대형화 및 글로벌화는 피할 수 없는 미래다.

💧 **에코스타 프로젝트에 의한 국산 멤브레인 개발 사례**

2011년 성공적으로 끝난 에코스타Eco-STAR 프로젝트를 통해 국산 PVDF(폴리비닐리덴 디플루오라이드) 막을 개발하여 영등포 정수장에 설치한 사례가 있다. 에코스타 프로젝트를 추진한 수처리선진화사업단에 의하면 코오롱과 H2L에 의한 PVDF 막의 개발은 미국, 일본, 독일에 이어 네 번째라고 한다. 진입이 쉽지 않은 방식이라는 방증이기도 하다. (수처리선진화사업단, 〈수처리선진화사업 추진전략 및 성과〉 2011년 8월)

규모의 경제에 대한 요구

수질 또는 수도 서비스에 대한 기대수준이 높아지면서 멤브레인 같은 신기술의 요청과 함께 기존의 낙후된 시설의 개 · 보수,

신규 설비로의 교체 요구가 강해지고 있다. 집에서 물이 나온다는 사실에 감동하던 보릿고개 시절과는 달리, 수돗물의 질을 따지기 시작한 지 이미 오래다. 사회의 선진화에 따른 당연한 요구일 것이다. 사회의 시설 개선 요구는 지자체의 투자부담과 직결된다. 더욱이 신규 설비가 멤브레인 같은 고도 정수처리 설비라면 초기 투자부담은 더욱 커진다.

낙후된 시설의 개체를 통해 양질의 수돗물을 공급하려면 무엇보다도 수도사업의 경제성이 뒷받침되어야 한다. 현재 같은 적자 구조에서 최신 설비로 개체하는 것은 밑 빠진 독에 물 붓기와 다를 바가 없기 때문이다. 요금 현실화율(수도요금/생산원가×100)이 70%에도 미치지 못하는 수많은 영세 수도사업자들의 적자 구조를 해소할 방법은 무엇일까?

먼저 수도요금의 현실화와 함께 규모의 경제를 갖추도록 사업 규모를 키워야 한다. 급수인구 30만 명에서 50만 명으로 수도사업의 임계량critical mass을 설정하여 지역을 권역화하고 통합하는 것이 무엇보다 시급하다. 현재와 같은 상수원 및 정수장의 지자체별 부분최적화에서 벗어나 권역화·대형화로 비효율을 제거하고 상수원 및 정수장을 최적화한다면 현재의 적자 구조는 훨씬 완화될 것이다. 이는 소규모 수도사업자의 높은 수도요금을 낮추고 신규 설비 투자여력으로 작용할 것이다. 여기에 정부의 생각대로 유역 단위의 하수도 운영까지 이뤄낸다면 그 효과는 배가될

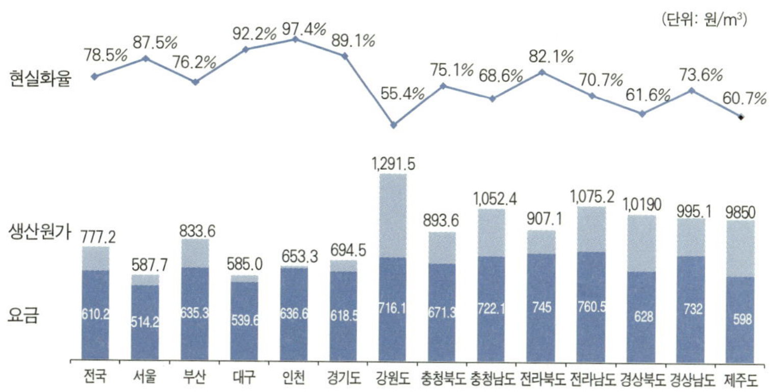

출처: 환경부, 〈2010 상수도 통계〉

것이며, 글로벌 물사업자 육성을 위한 핵심적인 물산업의 토양개선이 될 것이다. (표 4-21 참조)

🔵 네덜란드의 상수도 사업자 통합 사례

네덜란드는 1984년 국가 음용수에 관한 시행령National Drink Water Directive을 만들어 급수인구 10만 명 이상을 기준으로 수도사업자의 합병을 시행했다. 이에 따라 230여 개의 수도사업자가 13개 사업자로 통합되었고, 누수율 6%(우리나라 2010년 누수율 10.8%) 등 운영 효율 면에서 성과를 거두고 있다.

토털 솔루션 제공의 필요성

위에서 언급한 상수와 하수의 권역별 통합 효과를 보기 위해서는 상수와 하수에 대한 종합 관리능력이 반드시 필요하다. 그러나 새로운 환경변화는 이를 넘어 운영·설계·제조를 넘나드는 토털 솔루션total solution 제공 능력까지 요구하고 있다. 새로운 패러다임으로 언급되고 있는 멤브레인을 이용한 수처리는, 상수와 하수 모두 일정 기간 안정적인 운영비용을 투입할 때 안정적인 수질이 산출되느냐가 매우 중요한 문제다. 따라서 제조와 설치, 운영이 별개로 떨어져 있는 것이 아니라 유기적으로 연결되어야 한다. 즉 수도사업자는 전체적인 가치사슬을 일괄 라인으로 묶어서 소비자에게 최상의 서비스를 최적의 가격에 제공하는 것이 중요하다. 소비자에게는 누가 제품을 공급하고 누가 정수장을 운영하든 상관없다. 단지 저렴한 가격에 양질의 물을 안정적으로 공급받는 것에만 관심이 있을 뿐이다.

멤브레인을 설치하면 전처리(주로 화학적 처리에 의해 멤브레인에 대한 부담을 최소화시켜 주는 역할)와 멤브레인 배열, 후처리 등 최적의 공정을 구성하는 제조와 설계의 시너지가 매우 중요하다. 그러므로 수도사업자는 유입수질의 변화에 따라 각 공정의 조건을 조절하는 운영역량까지 종합적으로 이해하고 있어야 한다. 향후 물사업의 경쟁력이 운영을 위탁받은 기간에 보증된 수질을 최저

가격으로 생산하는 역량과 이를 사전에 최대한 추정하여 입찰에 반영하는 역량이라고 한다면 토털 솔루션 제공 능력은 차별적 경쟁력을 확보하게 하는 핵심 역량이 될 것이다.

그렇다면 이러한 환경변화에 최적의 대응방안은 무엇일까? 어떤 방향으로 정책을 결정해야 서비스의 질을 향상시켜 국민의 복지를 증진하고, 물산업을 부흥시켜 국가경제에 기여할 수 있을까?

5 물산업의 민영화

우리나라의 물시장 규모는 전 세계 11위로 결코 작은 규모가 아니다. 다국적 기업들이 눈독을 들이는 매력적인 시장이다. (표 4-22 참조)

정부는 여태껏 환경단체의 반대와 부처 간의 이해득실의 차이 때문에 물시장에 관해서는 현상유지 정책으로 일관했다. 하지만 전기, 통신, 가스 등 네트워크를 기반으로 한 인프라산업은 민영화나 위탁경영으로 효율성을 올리고 있는 게 사실이다. 이런 점을 볼 때 물산업도 일부 또는 전부의 민영화에 관해 무조건 반대만 할 일은 아니다.

한 나라가 모든 산업을 다 영위해야 할 필요는 없다. 실익이 없을 수도 있기 때문이다. 물산업도 그 파급효과를 보면 엄청나지만 공공재의 영역에 묶어두겠다고 결정할 수 있다. 하지만 그러면 물산업의 발전은 제한적일 수밖에 없다. 국가에서 운영하면 발전이 없고 민간에서 운영하면 발전한다는 흑백논리가 아니라 경쟁과 수익성이라는 개념을 적용하면 발전할 가능성이 더 많다는 얘기다.

일단 민영화를 하면 물값이 올라간다는 현실적인 우려가 있다. 이런 우려를 외면하자는 것이 아니라 대규모의 물산업 자체가 오랫동안 방치되다시피 했기 때문에 네트워크에 대한 투자나 운영의 비효율성으로 빚어지는 추가적인 손실도 넓은 시각에서 한 번

〈표 4-22〉 세계 물시장 규모

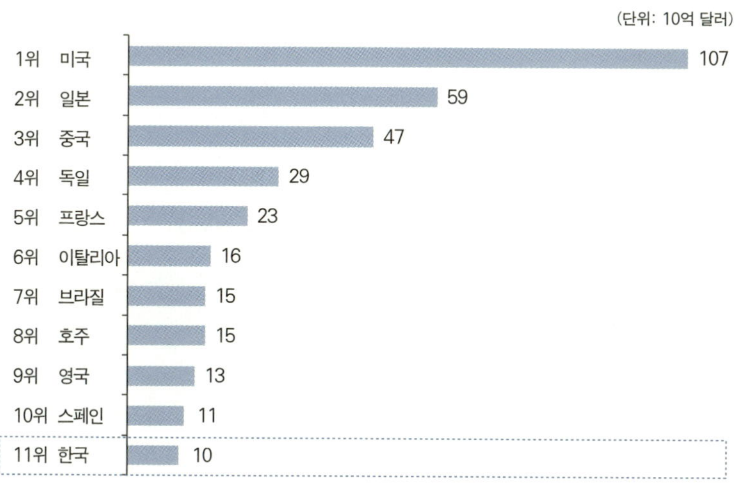

출처: GWI(2010)

따져봐야 한다는 얘기다.

💧 볼리비아 코차밤바의 물전쟁 사례

지난 1999년 세계은행World Bank의 지원을 받은 볼리비아 정부는 미국의 벡텔사Bechtel Corporation와 40년간의 상수도 공급계약을 체결하였다. 이후 수도요금은 급격히 상승하였고 이는 빈곤층 및 소기업에 직접적인 타격을 입혀 사회적으로 문제가 되었다. 이에 볼리비아에서 세 번째로 큰 도시 코차밤바Cochabamba 최초의 '물전쟁'이 일어났다. 도심 내의 시위는 격화되었고, 결국 군대가 나서서 시를 점령하기에 이르렀다. 계속된 소요사태 결과 175명의 사상자가 발생했고, 이 중 2명은 실명, 1명은 사망하였다. 볼리비아 정부는 2000년 4월 벡텔과 맺은 계약을 해지하기에 이르렀다.

💧 민영화된 영국의 규제 시스템

상수도와 하수도 모두 민영화된 영국은 물사업 감독기구인 Ofwat Office of water services에서 5년에 한 번씩 계획연도별 수도요금 상한선을 결정한다. Ofwat은 각 물기업이 제출한 사업계획을 검토하여 개보수 등 향후 지출예상 금액과 가중평균자본비용weighted average cost of capital(WACC)의 적정성을 분석한 후, 물가지수 등을 고려하여 수도요금을 책정한다.

국민 모두가 수요자이다 보니 물에 대해서 많이 알고 있다고 생각되지만 실상은 그렇지 않다. 가장 대표적인 예로 전국의 수도요금이 동일하지 않다는 사실을 아는 사람은 드물다. 수도요금은 지역별로 차이가 있다. 심지어 4배 가까이 차이가 나는 곳도 있다(2011년 국정 감사 자료를 보면 경북 군위군 수도요금이 약 351.7원/톤인 데 비해 강원도 정선군은 1,356.8원/톤이다. 전국적으로는 울산, 전남, 전북, 경남, 충남, 강원, 충북, 경북, 인천, 부산, 경기, 대구, 서울, 광주, 대전 순이다).

2011년 11월 환경부의 보도자료에 의하면 이처럼 지역별로 수도요금이 다른 것은 광역상수도에서 물을 공급받는지 여부, 취수원 개발의 용이성, 취수원과 물 공급지역과의 거리, 수돗물 생산시설의 규모, 정수처리비용, 수도사업 경영능력 및 재정상태 등의 차이 때문이다.

상수도의 운영효율성을 가늠해볼 수 있는 몇 가지 지표를 살펴보자. 먼저 정수장에서 생산된 물 중에 요금으로 징수되지 못하는, 즉 어떤 이유로든 중간에 새는 양의 비율인 누수율이 여전히 10% 이상이며, 금액으로는 연간 5,000억 원에 이른다. 또한 2010년을 제외하고는 공사비와 운영유지비 등 기존 시설을 유지하기 위한 비용도 만만치 않게 늘고 있다. (표 4-23, 표 4-24 참조)

운영유지비는 증가하는데 수도요금은 올리지 못하는 현실이 계속되다 보니 상수도의 요금 현실화율은 점점 떨어지고, 국고

〈표 4-23〉 상수도 누수율 및 환산금액

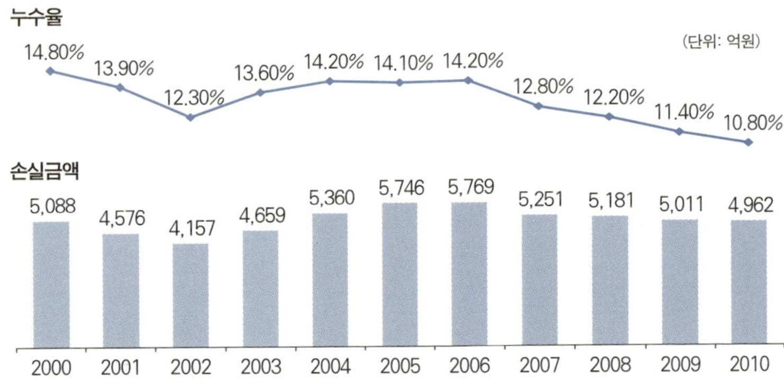

NOTES: 손실금액은 해당 연도 누수량과 생산단가를 곱하여 산출한 금액임
출처: 환경부, 〈2010 상수도 통계〉

〈표 4-24〉 공사비, 유지관리비 등 지출

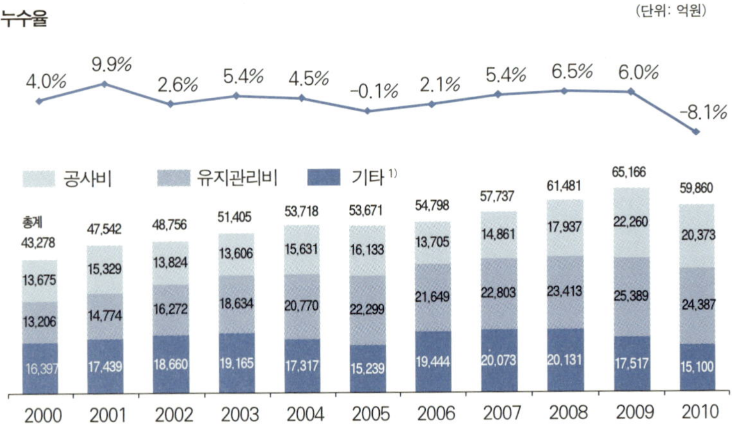

1) 원리금 상환액 및 이월금 등
출처: 환경부, 〈2010 상수도 통계〉

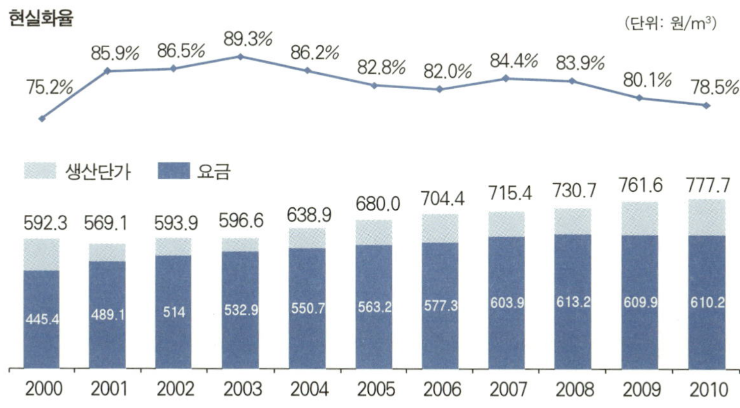

출처: 환경부, 〈2010 상수도 통계〉

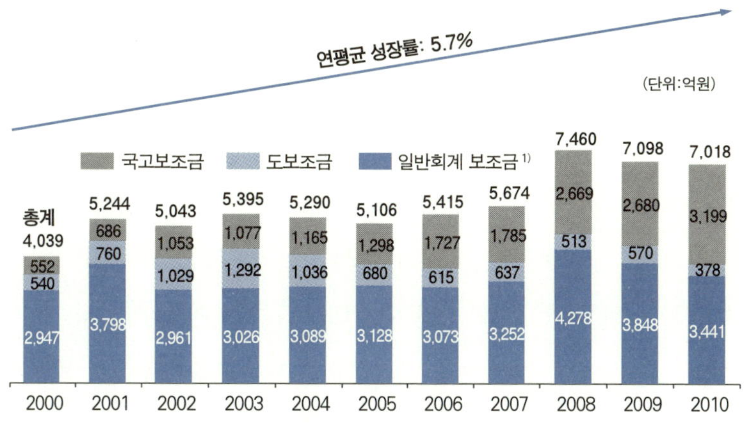

1) 각 지자체에서 상수도 관리 이외의 회계 재정에서 상수도 부분의 적자를 보전하기 위하여 이용된 재원
NOTES: 상수도 부문 보조수익 중 규모가 작은 교부세는 제외하였음
출처: 환경부, 〈2010 상수도 통계〉

나 일반회계 보조금으로 상수도 사업의 적자를 메꾸는 눈 가리고 아웅 하는 식의 행정처리가 이어지고 있다. (표 4-25, 표 4-26 참조)

통신, 전기, 가스 등도 안보나 기타 여러 이슈로 민영화가 지연되었지만 결국 민영화되었거나 민영화 과정에 있다. 이미 경제력을 갖기 시작한 신흥 개발도상국에서는 상·하수도 인프라 정비를 본격화하고 있다. 이들 나라에서도 상·하수도 민영화는 하나의 추세로 자리 잡고 있다.

따라서 상·하수도 사업과 관련한 경험이 제한적일 수밖에 없는 우리나라나 일본 기업은 국내에서 경험을 쌓을 기회가 상대적으로 적고, 새롭게 열리는 거대한 시장에 참여하기에 신재생에너지 산업과 마찬가지로 결점이 있다. 두산중공업이 담수화 분야 세계 1위 기업으로 인정받고 있지만 우리나라 기업 중에 세계 50대 물기업에 들어갈 기업은 전무한 것이 현실이다.

미국의 다국적 기업인 GE는 2005년 이멜트 회장이 에코메지네이션Ecomagination(환경을 뜻하는 에콜로지ecology와 창의를 뜻하는 이메지네이션imagination의 합성어), 즉 환경 사업을 GE의 성장 엔진으로 정한다고 선언했다. 그 후, GE의 근간인 플라스틱 사업 등 핵심 사업을 매각하고, 물 관련 엔지니어링 기업과 화학약품, 여과막 생산 기업을 차례로 인수, 통합하여 GE 워터GE Water를 설립하고 물 백화점을 표방하고 나섰다.

GE가 장비 판매를 주력으로 빠르게 물시장에서 입지를 다져

가고 있는 것은 사실이지만, 규모가 큰 상·하수도 서비스 분야에는 전통의 강자가 존재한다. 전 세계 1, 2위 업체는 120~150년의 역사를 가진 프랑스계 베올리아Veolia(구 비벤디Vivendi)와 수에즈Suez이고, 3위는 독일 발전사인 RWE 계열사인 테임즈워터Thames Water이다. 비벤디 그룹에서 계열 분리된 베올리아의 사업영역은 상·하수, 폐기물 처리, 운송 및 에너지 서비스 4개 부문이다.

특히, 베올리아는 중국 물 비즈니스의 개척자라 할 수 있다. 베올리아의 중국 진출은 1998년 중국 정부가 최초로 국제 입찰에 부친 쓰촨[四川] 성 쳉두[城都]에 정수장을 건설하는 프로젝트를 일본의 마루베니와 공동 수주하면서부터다. 경쟁사와 대비하면 출발이 늦지만, 2002년에는 치열한 공개입찰 경쟁을 통해 상하이 신개발지역인 푸둥[浦東]의 상수도 공급권을 따냈다. 베올리아는 상수공급, 상수네트워크 관리, 요금청구, 결제 및 고객관리를 포함한 상수 관련 서비스를 전담한다.

베올리아는 처음에는 상·하수도 사업만 하다가 고객이 원하는 일괄 서비스를 제공하려고 다른 부문으로 진출했는데, 현재는 부문별 시너지효과도 크다. 예를 들어, 마시는 물과 온수시스템을 오염시키는 레지오넬라균을 퇴치하려면 상·하수도 부문과 에너지서비스 부문의 전문성이 동시에 필요하다. 또, 하수처리의 부산물인 슬러지를 처리하려면 폐기물 처리 부문뿐만 아니라 에너지 부문의 기술적 지원이 필요하다. 상·하수도 부문에서 에너지 사

용량을 줄이는 처리 기술의 개발에 착수하는가 하면, 재생 가능
한 메탄가스 생산에 나서는 등 신재생에너지 생산에도 관여한다.

6 물산업 전개 시나리오

21세기 블루골드 시장, 우리가 주도한다

■ 2025년 8,650억 달러 시장 선점을 위한 '물산업 육성 전략' 발표
—블루골드 시장을 주도할 원천기술 개발, 전문 물기업 육성 등을 위해 2020년까지 약 3조 4,609억 원 투자 계획
■ 2020년까지 8개의 세계적인 물기업을 육성하고 일자리 3만 7,000개를 창출하여 세계 물산업 강국 도약 목표

2010년 10월 13일 환경부 보도자료

어떻게 가능하게 할 것인가?

물산업을 발전시키기 위한 정부의 첫 번째 전략은 IT 기반의 지능형 물 생산·공급시스템을 개발하여 세계 상·하수도 기술을 선도하고, 향후 고도 수처리에 필요한 첨단소재 막 공정 및 운

영관리 기술 등 원천기술을 개발하는 것이다.

두 번째 전략으로 토털 솔루션 능력을 보유한 물 전문기업을 육성하기 위해 시·군별로 운영되는 지방 상수도를 39개 권역으로 통합하여 공공 부문 사업자에게 위탁한다. 이로써 전문성을 확보하되 민간기업은 공기업과 컨소시엄을 구성함으로써 수도사업에 대한 운영역량을 키워나간다.

그 외에 먹는 샘물산업의 발전을 위해 다양한 샘물 자원을 발굴, 프리미엄 시장을 확대하고 먹는 샘물의 홍보와 수출을 적극 지원한다.

물산업의 해외진출을 위해서는 세계 물시장 세분화와 지역별 시장분석을 통해 맞춤형 해외진출 전략을 수립·추진하고, 대규모 건설·플랜트·자원개발과 물산업을 연계하는 한편, 녹색펀드 조성, 공적개발원조 자금확대 등 금융지원 시스템을 정비할 계획이라고 한다.

하지만 앞서 살펴봤듯이 물시장에서 가장 큰 부분은 상·하수도 서비스사업이다. 이 사업을 하지 않고서는 절대로 세계적인 물기업이 나올 수 없다.

향후 우리나라에서 물산업이 어떤 방향으로 전개될지 몇 가지 시나리오로 그 가능성을 타진해 보자. 시나리오는 말 그대로 시나리오이지 예측이 아니다. 물론 정합성이 뛰어날 수도 있고 아니면 그냥 하나의 픽션으로 남을 수도 있다.

물산업과 관련한 시나리오를 구성하는 데 핵심 요소는 정부의 움직임이다. 즉 거대한 네트워크산업이자 국민의 생활과 직결된 이 산업을 언제 민영화할 것인가가 물산업 전개 시나리오의 거의 전부라고 할 것이다.

나머지는 실행단계에서의 고민거리들이고 물꼬를 트는 것은 역시 수많은 반대를 극복하고 또 한편으로는 계획대로 밀고 나가는 강한 추진력이다. 그런 준비가 되어있지 않다면, 물산업의 민영화는 영원히 풀지 못하는 숙제로 남겨질 수 있다.

시나리오에서 민영화라는 구조적인 변화를 추구할 것이냐 말 것이냐의 문제는 언제 할 것인가의 타이밍의 문제로 연결된다. 새로운 정부가 들어서고 그에 맞는 어젠다agenda로 자리 잡아서 추진할 수도 있고 아니면 그다음 다른 정부에서 추진할 수도 있다. 하지만, 안 한다고 하면 그리 큰 의미가 없지만, 한다고 하면 문제는 달라진다. 물산업 전개 시나리오는 그래서 민영화를 진행한다는 가정하에 '어떻게'에 초점을 맞출 필요가 있다.

앞서 얘기한 바와 같이 물산업의 가장 큰 부분은 상·하수도 서비스 부문이다. 네트워크로 이루어져 있고, 효율 개선의 여지도 많지만, 수도라는 공공재 성격이 강한 면도 있다. 정부부처의 관리체계에서 보면 상·하수도는 수자원의 관리 측면에서는 국토해양부의 소관이며, 오·폐수 및 하수처리 등 환경에 관한 부분은 환경부 내에서도 중요한 관리 항목 중 하나이다.

현재까지 민영화라는 명시적인 틀에서 움직임이 있는 것은 아니지만 현 정부에서 움직여 온 방향을 보면 크게 국토부의 한국수자원공사와 환경부의 한국환경공단이라는 두 기관이 변화를 주도하는 축이다. 현 정부는 지자체의 직영 지방상수도를 한국수자원공사에 위탁해 39개 권역으로 통합 운영하는 '지방상수도 효율화 사업'을 지자체에 권장하여 운영하고 있다. 경북 북부권의 지방상수도 통합 운영안이 일례이다.

환경부는 2010년 한국자원재생공사와 환경관리공단을 합쳐 한국환경공단을 만들어서 지방상수도 운영 위탁수임을 하고 있다. 환경관리공단은 환경부의 하수 부문 전문성을 들어 충북과 강원 8개 지자체의 하수시설 위탁계약과 강원도 일부 지역에서 상수도 위탁계약을 체결했다.

민영화를 반대하거나 저지하는 쪽에서는 결국 수자원공사와 환경공단을 민영화하면 물사업이 민영화된다고 주장한다. 따라서 이미 지자체들이 광역권으로 통합되어 이 두 기관에 위탁 운영을 하고 있으므로 민영화가 반 이상 진행된 것과 같다는 지적이다.

하지만 현실적으로 생각해 보자. 예를 들어 한국수자원공사를 민영화한다고 할 때 정부가 지분을 매각하면 그 지분을 한두 곳의 기업에 매각하여 전 국토의 수자원 관리를 맡긴다는 것이 가능할까? 이는 요즘의 국민 정서상 도저히 납득할 수 없으며, 걷잡을 수 없는 논란과 특혜 시비에 휘말릴 가능성만 높다.

따라서 이 부분에서는 80년대 초반 지역별 도시가스 회사를 통해 가스산업을 민영화할 때의 모델과 유사하게 진행될 수밖에 없을 것이다. 이런 네트워크산업의 특성은 어차피 지역 기반 없이 이루어질 수 없다. 그러므로 취수원 등을 고려한 권역별 분리와 더불어 물산업에 대한 이해, 지역적인 특성을 고려한 안배를 통해 민간사업자를 지정하는 것이 바람직할 것이다.

실제로 추진하는 데는 몇 단계를 거치겠지만 수자원공사를 권역별로 쪼개어 권역별로 설립된 회사 ROCRegional Operating Company로 하여금 수자원공사와 해당 권역에 대한 운영권을 확보하게 하는 방안이 있다. 이 ROC를 각 권역의 지역기반 기업 또는 지자체급 공기업(각 지자체의 개발공사급)에 매각하여 단계별 민영화를 이루는 방안 등이 현실적으로 무리가 없어 보인다.

그러나, 베올리아나 수에즈의 사업모델에서도 알 수 있듯이 상수도만 서비스하는 모델에서는 사업자나 실제로 수도를 이용하는 수요자나 그리 큰 효익이 없다. 한 지역 내에서라면 상수도와 하수도 사업이 같이 묶이는 게 바람직하며, 과금 체계에서도 유리하다. 만일 상수도와 하수도 사업이 분리되어 민영화가 추진된다면 이는 유선방송사업의 초반처럼 군소사업자가 출몰하다가 결국에 3~4개의 대권역사업자로 통합되는 형태를 따를 것이다.

현재 수자원공사와 환경공단을 통해 상·하수도가 권역별, 지역별, 지자체별로 위탁·수탁 운영되고 있는 점을 볼 때 민영화를 효율적이고 효과적으로 추진하려면 상·하수도는 하나로 통합해 관리해야 한다. 그러기 위해서 앞서 제시한 수자원공사의 ROC처럼 환경공단 산하에 지역 ROC를 만들어 이를 수자원공사의 ROC와 통합하는 과정이 반드시 필요하다. 부처 간의 이해득실을 배제한다는 전제라면 가능할 것이다.

그러면 ROC는 각 시설물에 대한 소유권을 가질 것인가 아니면 단순 운영권만 가질 것인가를 결정해야 한다. 실제로 지자체나 정부 관련 시설물에 대해서는 정부에서도 이들 시설을 건설하고 운영하는 민간주체에 BOT[1]나 BTObuild transfer operate[2]방식 등으로 일정 기간 수익을 보장해주도록 하고 있다. 그러나 물사업이 각 ROC가 가진 자산가치를 포함한 매각으로 민영화를 하게 되면 민간사업자는 초기에 막대한 비용 조달의 부담으로 서비스 이용료의 보전을 요구할 가능성이 높다. 따라서 최초의 민영화 시점에는 단순 위탁운영계약 형식으로 독점 계약기간을 설정해 사업자의 자본비용을 보전해주는 방식이 타당할 것으로 보인다.

1〉 BOT(Build Operate Transfer) 방식: 개발 사업을 수주한 시행자가 사업에 필요한 자금을 조달하고 건설을 마친 후 일정 기간 동안 운영하는 방식이다. 그 운영수익으로 운영자금을 충당하고, 부채를 상환하며 지분 투자자에게 수익을 배당한다. 운영기간이 끝나면 정부에 무상양도한다.

✐ **2〉BTO(Build Transfer Operate) 방식**: 민간자본으로 시공 및 정부에 무상양도 후 일정 기간 직접 시설을 운영해 사업비를 회수하는 사업방식을 말한다.

뒤처지고 있는 현실에서 우리가 할 일

물산업의 미래 성장 가능성에 대해 누가 부정적인 의견을 내놓을 것인가? 그렇다면 문제는 어떻게 물산업의 미래를 바람직한 방향으로 유도하여 효율적인 산업 구조를 만들고, 경쟁력 있는 기업을 육성하며, 어떻게 소비자들이 값싸고 질 좋은 서비스를 받게 할 것인가 하는 것이다.

휴대전화나 인터넷이 필수재가 되고 가계 통신비 부담이 크다고, 또는 시민단체가 통신요금의 적정성에 대해 끊임없이 문제제기를 한다고 통신회사들을 다시 공기업화해야 하는가? 정유사들의 가격 구조에 의문을 가지고 알뜰주유소를 통해 국민의 부담을 줄여주겠다는 정부의 좋은 의도는 왜 기대만큼 성과를 거두지 못하는가?

오랫동안 변화가 없던 글로벌 물시장에 변화의 바람이 일고 있다. 수처리 기술의 패러다임 변화, 새로운 물사업 분야의 성장, 개발도상국 시장의 기회 등이 이러한 변화를 견인하고 있다. 변화의 시기야말로 후발 기업들에는 시장으로 진입할 거의 유일한 기회이다. 아쉽지만 선진국이나 신흥공업국의 기업들은 벌써 이러한 흐름에서 저만치 앞서 가고 있다. 베올리아, 수에즈 등 물 관련 토털 솔루션 제공 기업들이나 멤브레인 분야의 하이플럭스Hyflux, 영국의 상수 운영기업을 인수한 셈코프Sembcorp 등 싱가포르의 기업들과 최근 글로벌 10대 물기업에 등재되고 있는 NWS, 차이나 워터인더스트리China Water Industry와 같은 중국 기업 등 많은 사례가 등장하고 있다.

또다시 뒤처지고 있는 현실 속에서 우리는 어떻게 해야 할까? 책의 서두에 언급했듯이 물산업에서도 일류기업을 많이 키우는 것이 우선 과제이다. 세계적인 경쟁력을 갖춘 국내 기업이 많이 나온다면 물산업의 성장과 해외진출을 통해 국가경제에 기여할 것이다. 그러나 더 중요한 것은 물산업의 효율화와 선진화된 기술의 적용으로 국민이 보다 양질의 물 서비스를 받게 된다는 점이다. 물 서비스 수준의 만족도를 어떻게 IT 서비스만큼 끌어올릴 수 있는가? 두 산업을 이끌어가는 선두기업들의 경쟁력에 힌트가 있다.

이를 위해 정부는 장기 계획을 세우고 주요 정책을 이 계획과 일관되게 집행해야 한다. 싱가포르는 2060년의 수자원 독립을 위한 목표와 계획, 주요 정책들을 모두 세우고 있다. 산업 구조의 변화는 하루아침에 이루어지는 것이 아니다. 또한 저절로 얻어지지도 않는다. 특히 지금처럼 공공 부문이 시장의 상당 부분을 점유하고 있는 상황에서는 시장의 구조조정은 자율적으로 이루어지지 않는다. 시장의 실패가 국민의 부담으로 이어질 수도 있다.

선수들의 경기력이 마음에 안 든다고 감독이나 심판이 직접 경기장에 뛰어들어서 경기를 뛸 수 없다. 전체적인 관리를 잘하는 것, 즉 시스템을 잘 갖추고, 훌륭한 선수가 되도록 훈련을 시키고, 그 중 가장 우수한 선수들이 최종 엔트리에 뽑히도록 원칙을 세우는 것이 경기에서 이기는 유일한 방법이다.

기술력과 시장장악력 가진 글로벌기업을 손에 넣어라!

　에너지와 신재생에너지 그리고 물에 대한 생각을 정리하겠다고 계획하면서 들었던 의문은 '우리는 이 분야에서 영원히 팔로워follower의 위치를 벗어날 수 없는가?'였다. 누구나 처음은 팔로워에서 시작할 수 있지만 그래도 석탄의 시대에서도, 석유의 시대에서도 놓친 게임체인저game changer의 역할을 신재생에너지 시대로 가는 지금이야말로 한번 해볼 필요가 있지 않겠는가?

　석탄의 사용이 산업혁명으로 절정기를 맞고 석유가 자동차와 석유화학 등 저변산업의 발달로 꽃핀 이래 지금 우리의 석탄과 석유 의존이 거의 끝났다고 해도 과언이 아니다. 석유의 시대에 석탄을 여전히 쓰는 것을 보면 신재생에너지 시대에도 여전히 석탄과 석유는 쓰일 것이다. 다만 그 방법과 용도가 변하겠지만 아직 막연하게 어떨 것이라는 추측만 할 뿐이다.

석탄의 시대에 석유의 시대가 올 것을 미처 생각지 못했지만 석유는 석탄을 대체했다. 석유의 시대가 절정일 때도 물론 신재생에너지 시대가 올 것이라고 확신하지 못하였지만 지금 석유와 신재생에너지가 양립한다. 석유의 시대가 태동하였을 때 그 절정의 모습이 지금과 같을 것이라고는 도저히 상상하지 못하였던 것처럼 신재생에너지 시대의 절정이 어떨지 지금 추측하는 것은 어불성설일 것이다.

유럽과 미국의 기업들이 앞다투어 석탄과 석유를 점령하였던 때를 생각해보면, 앞으로 신재생에너지 시대가 와서 전 지구적인 혁신을 가져올 것임은 분명하다. 그 혁신의 물결이 바로 지금 시작되고 있다. 중국이 국가의 부를 축적하면서 공격적으로 확대한 산업이 에너지 분야였다. 또 지금 태양광과 풍력 분야에서 중국 기업이 자국의 탄탄한 수요를 바탕으로 급성장하고 있다. 이를 눈여겨 본 사람이라면 향후 신재생에너지 시대의 승자가 미국이나 유럽이 아닌 중국이 될 가능성이 매우 높다고 자신 있게 말할 수 있을 것이다. 다만, 신재생에너지라는 분야가 석탄, 석유처럼 하나의 자원이 아니라 다양한 에너지원을 얘기한다는 점에서 과거의 패러다임과 다르다고 할 수 있겠다.

앞서 얘기한 것들은 결코 다양한 에너지원을 모두 다 석권해야 한다는 그런 거창하고 의욕적인 계획이 아니라 우리에게 적합한 에너지원이 무엇인지를 혜안을 가지고 살펴서 우리도 신재생에너지원에서 하나쯤은 세계적인 지위를 확보할 수 있도록 해보자는 것이다.

국제경쟁력 있는 기업의 인수

먼저 국제적으로 경쟁력이 있는 기업을 인수하는 안이다. 이것이 궁극적으로 국가경쟁력에 도움을 주는 방향이 될 것이므로 시도해 볼 만하다고 생각한다. 물론 그렇게 하여 확보한 신재생에너지 기술이 우리나라에 적용되어 전반적인 에너지 포트폴리오를 바꾸는 데 직접 도움을 주는 것이 아닐 수도 있다. 왜냐하면 앞서 얘기한 바와 같이 우리나라는 신재생에너지원을 통해 에너지를 생산하는 최적의 지리적인 조건을 갖춘 나라는 아니기 때문이다. 하지만 석유나 석탄처럼 이런 신재생에너지 분야 글로벌기업은 우리나라라는 지리적인 제약을 떠나 전 세계적으로 발전시설을 운영할 수 있다. 또한 규모가 커지면 석유의 시대에 BP이나 쉘이 가진 만큼은 아니어도 상당한 영향력을 발휘할 것이다. 좀 더 넓은 의미로는 신재생에너지를 적극 이용하면 에너지를 생산하기 위해 물이 필요하고, 물을 생산하고 운반하기 위해서도 에너지가 필요한 꼬리에 꼬리를 무는 관계에서 벗어날 수 있다. 그리하여 갈수록 고갈되고 있는 물을 좀 더 다른 용도에 활용할 수 있다는 측면에서도 국제적으로 경쟁력 있는 신재생에너지 기업이나 기술의 확보는 매우 큰 의미가 있다.

물을 산업의 관점에서 본다면 물산업도 초기 석유산업처럼 세계적인 몇몇 글로벌기업의 영향력이 커지고 있다. 석유산업에서 100여 년 전에 일어난 일을 반복하고 싶지 않다면 국가적 차원에서 물산업을 적극 육성하는 일을 게을리해서는 안 될 것이다. 관 주도의 틀에서는 효율과 규모 면에서 한계가 있을 수밖에 없다. 많은 환경단체와 시민단체가 물산업을 민영화한다면 당장 물 가격이 올라서 서민 생활에 부담을 준다고 반대할 것이다. 하지만 물은 실제로 생활규모에 따라 쓰는 양이 달라진다. 따라서 물도 전기처럼 가격누진제를 적용하는 것만으로 사회단체에서 우려하는 그런 사태가 일어나지 않게 할 수 있다.

집에서 쓰는 전기요금, 수도요금을 제대로 알고 있는 사람들이 과연 얼마나 될까? 아마 거의 없을 것이다. 그만큼 물이나 전기는 그 가치에 비해 가격도 싸게 책정되었을뿐더러 그 가치를 제대로 평가받지 못하고 있다. 물은 중요하지만 외면당해 온 아주 귀중한 자원이라는 사실을 국민에게 인식시킬 필요가 있다. 이런 인식 전환을 통해 한국의 물산업이 글로벌기업을 보유할 수 있을 정도로 잠재력 있는 산업임을 인식시킬 필요가 있다.

신재생에너지 산업과 물산업에서의 접근방법은 직접 하거나 외부와 공동연구를 하거나 사 오는 세 가지 방법이 있다. 이 중에서 사 오는 방법을 제안한다. 국내에도 연구진이나 관련 기업이 있으므로 이들을 통해 직접 할 수도 있지만 우리가 이 시장과 기술을 선점하기 위해서는 무엇보다 때를 놓쳐서는 안 된다. 지금이 바로 그 때이고 국내 기업을 키워 지금 필요한 기술을 확보하기에는 시간이 너무 많이 걸린다. 바로 이 점 때문에 좀 더 빠른 길을 택해서 가자는 것이다. 일단 상업적으로 경쟁력 있는 기술을 확보한 후에 이를 토대로 더 나은 기술개발을 추구하는 스마트 유저smart user가 될 필요가 있다.

정부 차원에서의 글로벌기업 인수라면 기술확보는 물론 이 글로벌기업이 최종 제품을 만드는 데까지 연관된 수많은 산업에 기회가 될 수 있어서 대기업과 중소기업의 상생 방법이 될 수도 있다.

국민과 기업이 함께 사는 길

지난 시간을 돌아보면 DJ정부가 들어서고 IMF를 벗어나면서 1999년부터 시작된 IT붐은 전 국민의 벤처기업 투자 신드롬을 낳을 정도였다. 집안에서 벤처기업 관련 일을 하는 사람이 한 명은 있을 정도로 전 국민적인 관심과 투자가 뒤따랐다. 인터넷버블이 꺼지면서 그런 현상은 금세 사그라졌고 투자 열풍 또한 잠잠해졌다. 하지만 그때 그런 전 국민적인 관심과 참여가 채 몇 년 되지 않아서 대한민국을 세계적인 IT 강국으로 만든 밑거름이 되었다.

이후 혁신도시, 행복도시 등의 부동산 개발 붐을 타고 수많은 건설회사가 앞다투어 아파트와 주상복합단지를 짓기 시작하였고 그런 열풍은 끝이 보이지 않았다. 일본의 거품경제가 꺼지면서 나타난 현상을 타산지석 삼아야 한다는 지적은 귀에 들리지 않았고, 집값은 하루가 다르게 올랐다. 하지만 세계적인 금융위기는 이 모든 현상을 바꾸어놓았다. 건설회사들이 지어놓은 집은 미분양 사태가 줄을 이었고, 이는 곧 건설사들의 줄도산으로 이어졌다. 지금도 그 후유증은 끝나지 않았다.

그 후에 들어선 정부는 4대강 정비 사업을 표방, 수많은 반대를 무릅쓰고 이를 강행하는가 하면, 정권 초기부터 '녹색성장'을 새로운 국가 성장의 동력으로 천명했다. 정부부처와 기관을 통해 수많은 관련 투자 펀드들이 결성되었고, 백두대간이나 바닷가에 그전까지는 보이지 않던 대형 풍력발전기들이 설치되었다. 그뿐 아니라 공공기관이나 지자체에서는 빈자리만 있으면 태양전지를 설치하는 현상이 나타났다. 심지어는 있는 녹지를 없애고 태양광 발전시설을 설치하는 웃지 못할 일도 생겼다.

하지만 이 녹색성장의 기치는 앞의 두 정부에서 드라이브를 걸었던 두 테마(IT, 부동산)와는 근본적인 차이가 있다. 앞의 두 가지는 일반 대중이 쉽게 참여하고 또 그만큼 기회도 많았다. 그렇지만 녹색성장이나 4대강 사업은 일반 국민이 쉽게 접근할 수 있는 테마가 아니고 기업도 쉽게 엄두를 못 내는 그런 테마라는 한계가 있다. 이는 다분히 기업이나 국가 차원에서 결정을 내려야만 가능한 사업들인데 이를 마치 국민 생활의 모토로 뿌리 내리려고 한 것은 오산이었다. 정권 말기로 오면서 신재생에너지와 녹색성장은 무관심 속에 천덕꾸러기로 내팽개쳐졌다.

그렇다고 녹색성장으로 대변되는 신재생에너지를 이런 무관심 속에 남겨두어야만 하는 것일까? 앞서 얘기했듯이 분명히 화석연료는 고갈될 운명에 처해 있다. 그 시점이 언제냐가 문제이겠지만 그게 피할 수 없는 사실이라면 지금부터 대비하는 것이 당연하다. 이는 정부와 기업 차원에서 필요한 조치를 취해 산업을 육성해 나가야 하는 중요한 어젠다이다.

가까운 미래에 아래와 같은 기사를 볼 수 있기를 바라며 이 책을 마무리한다.

〈2014년 3월 00일 자 기사〉

2014년 3월 국내 굴지의 대기업인 A사는 덴마크 국적의 세계 최대 풍력발전회사인 베스타스의 지분 75%를 국민연금과 함께 인수했다고 발표하였다. 현재 베스타스의 시가총액은 약 1조 원으로 이번 인수가액은 경영권 프리미엄을 고려했을 때 최소한 8,000억 원은 넘을 것으로 업계는 추정한다. 이번의 지분 인수로 A사는 베스타스가 보유한 지적재산권의 활용권 및 전 세계적으로 개발 운영 중인 풍력발전 프로젝트에 대한 영향력을 행사할 수 있게 된다. 이번 인수에 따라 기존 국내 부품업체들도 공급선에 포함되어 향후 중소업체들의 지속적인 매출성장이 기대된다. 이로써 A사는 대기업과 중소기업의 새로운 동반성장 모델을 제시했다는 평가를 받고 있다.

국민연금의 이번 투자는 그간 펀드 운용 수익을 중심으로 한 단기 자산운용에서 벗어나 국가 차원의 산업 육성이라는 대국적인 견지에서 이루어졌다. 따라서 A기업도 국민연금에 우선적으로 투자 원금 및 일정 수익률을 보장했다. 결국 베스타스의 인수는 A기업에는 필요한 자금을 조달하고, 국민연금에는 AA$^+$급 신용등급을 지닌 A기업 투자에 대한 보장으로 안정적인 수익을 안겨줌으로써 상호 윈윈win-win하는 인수가 되었다.

물과 불의 새로운 승자

지은이 정형지 외 공저

1판 1쇄 인쇄 2012년 12월 7일
1판 1쇄 발행 2012년 12월 20일

발행처 도서출판 옥당
발행인 신은영

등록번호 제300-2008-26호
등록일자 2008년 1월 18일

주소 경기도 고양시 일산동구 장항동 742-1 한라밀라트 B동 215호
전화 (02)722-6826 팩스 (031)911-6486

값은 표지에 있습니다.
ISBN 978-89-93952-45-2 03320

홈페이지 www.okdangbooks.com
이메일 coolsey@okdangbooks.com